Livre du
catéchiste

11 - 13 ans

Cet ouvrage a été rédigé par les Services diocésains de catéchèse de la Province de Rennes : Angers, Laval, Le Mans, Luçon, Nantes, Quimper, Rennes, Saint-Brieuc, Vannes, en collaboration avec l'Aumônerie de l'Enseignement Public et la Direction de l'Enseignement Catholique du diocèse de Rennes
Imprimatur à usage catéchétique en France, le 23 mai 2014, Monseigneur Emmanuel Delmas, évêque d'Angers
Conception : Yann Legrand, Le monde en parle (56)
Textes liturgiques : © AELF, Paris
Extraits du *Catéchisme de l'église catholique :* Centurion/Cerf/Fleurus-Mame/Librairie éditrice vaticane pour l'exploitation en France de la traduction française, Paris, 1998
Extraits du *Texte national pour l'orientation de la catéchèse en France :* © Bayard/Cerf/Fleurus-Mame, Paris, 2006
Pour l'ensemble de ce livre : © Éditions CRER - Mai 2014
19, rue de la Saillerie - CS 10002 - 49184 Saint-Barthélemy-d'Anjou Cedex - www.editions-crer.fr
Dépôt légal : août 2014 • Achevé d'imprimer chez Sepec, février 2018 - 19105180208
ISBN 978-2-85733-339-5 • ISSN 2103-4834

Mot de passe www.seldevie.fr : SdV1113g68H

CECC Faire vivre l'Église

Avec ce document vous soutenez la responsabilité de catéchèse dans l'Église, et vous contribuez à une solidarité financière entre les diocèses de France.
Les évêques de la Commission épiscopale de la catéchèse et du catéchuménat (CECC).

PEFC 10-31-1470 / **Certifié PEFC** / Ce produit est issu de forêts gérées durablement et de sources contrôlées. / pefc-france.org

IMPRIM'VERT®

Sommaire

Lettre aux catéchistes

« Vous serez mes témoins. » (Ac 1,8) Ce mot de Jésus donne le vertige. En sommes-nous capables ?

Dieu s'est fait connaître à toutes les nations. Il a parlé à Abraham et choisi Israël, son Peuple. Par l'envoi de son Fils en notre humanité, il a accompli « ses promesses faites à Israël », comme nous le chantons dans le Magnificat. Ainsi, nous saisissons que « Dieu est amour » (1 Jn 4,8). Quelle grandeur que le Christ, vrai Dieu et vrai homme ! Il est « lumière des nations et gloire d'Israël », selon le chant du vieillard Siméon (Lc 2,32) ! Est-il possible d'être témoins d'un tel mystère ?

En se faisant connaître, Dieu transforme. Par sa grâce, nous le connaissons et nous sommes transformés. Les deux sont indissociables. Dieu nous rend ainsi acteurs de la transmission de sa Révélation. Nous devenons ses « témoins ». Saint Paul en a une vive conscience : « sa grâce en moi n'a pas été vaine ! » (1 Co 15,10). Quel témoin ne fut-il pas !

Il est beau pour des catéchistes d'entendre Jésus leur dire avec confiance : « Vous serez mes témoins » auprès des enfants qui vous sont confiés. Rencontrer le Christ, vivre de sa Parole, cheminer avec Lui, c'est devenir son « témoin ». Non pas que les catéchistes sachent tout de Lui, ni qu'ils aient des qualités remarquables ! Ils sont simplement habités par une « lumière » dont ils sont les « lampadaires » afin d'éclairer « tous [les enfants] qui sont dans la maison » (Mt 5,15). Ils sont « sel de la terre » pour eux et avec eux.

Certes, des questions sont là et des cheminements personnels sont arides chez bien des catéchistes. Mais ce n'est pas de cela dont ils sont en vérité porteurs. Une lumière les habite, plus puissante que leurs obscurités, puisqu'elle vient de Dieu. Tout catéchiste, fut-il un recommençant dans la foi, désire mieux connaître Jésus, l'« Évangile de Dieu » (Rm 1,1). Ce désir est déjà lumière de Dieu. Nul ne cherche Dieu s'il ne l'a pas déjà trouvé quelque part au fond de lui. Ayez confiance en la lumière qui vous habite, semble dire Jésus quand il nous dit : « Vous serez mes témoins. »

La collection « Sel de vie » est donc proposée à des « témoins ». Ses « modules » exposent la foi sous forme de « mystères ». Chaque module, nourri de l'Écriture Sainte, tant de l'Ancien que du Nouveau Testament, présente un aspect du visage de Dieu. Quand on voit un aspect du visage, on voit la personne. C'est ainsi que chaque module ouvre le cœur à l'intériorité et donne le goût de Dieu. Chacun est une porte d'entrée sur le Christ et conduit à vivre une amitié avec Lui. Car Jésus, le Christ, est l'initiateur de cette amitié qui se développe en épousant la croissance de l'enfant « en sagesse, en taille, et en grâce » (Lc 2,32).

Jésus nous l'assure : « Vous recevrez la force du Saint Esprit » (Ac 1,8). Chers catéchistes, priez l'Esprit Saint. Demandez-Lui la grâce d'être transparents à la lumière reçue. Ayez foi en l'Esprit Saint, l'Ami invisible de nos vies et de celles des enfants. C'est Lui qui vous a mis en route vers les enfants pour qu'ils découvrent – et vous avec eux – l'amour du Seigneur Jésus, et pour qu'ils croient en Lui.

Grâce à l'Esprit Saint qui est son « âme », l'Église garde la pure lumière de la foi. Chers catéchistes, puisez sans crainte à la foi de l'Église, notre Mère, pour accomplir votre belle mission. Par votre amour des enfants et par votre témoignage, vous êtes au cœur de l'Église. Vous permettez à ces jeunes baptisés de grandir dans l'amour de Dieu. En leur nom – et au nom de leurs parents –, je vous dis un immense merci.

Rennes, le 3 juillet 2012
En la fête de saint Thomas

+Pierre d'Ornellas
Archevêque de Rennes

Introduction

11-13 ans

Cette introduction aborde les questions les plus souvent posées pour bâtir une année de catéchèse avec des jeunes en aumônerie, en paroisse ou école catholique.
Quelle est la particularité de la collection « Sel de vie » ? Pourquoi le choix de la pédagogie d'initiation ? Qu'est-ce qu'un module ? Comment choisir un module ? Comment répondre aux attentes des jeunes de 11-13 ans ? Quels outils sont proposés pour la collection « Sel de Vie » pour les catéchistes et pour les jeunes ? *etc.*
Cette introduction est incontournable pour la mise en œuvre des modules.

Sel de Vie

Introduction

La collection « Sel de Vie »

Suite à la parution du *Texte national pour l'orientation de la catéchèse en France* (*TNOCF*), avec l'accord et le soutien des évêques de la province de Rennes, les Services de Catéchèse des neuf diocèses ont écrit de nouveaux documents catéchétiques pour mettre en œuvre la pédagogie d'initiation. Ces documents s'appuient sur « le principe d'une organisation de la catéchèse ordonnée à toutes les étapes de la vie » (*TNOCF*, pp. 73-77).

- Ce principe s'appuie sur les intérêts et questionnements des personnes à chaque étape de leur vie.
- Il propose une catéchèse à tous, quel que soit l'âge des personnes.
- Il offre, à chaque étape de la vie, une proposition complète de la foi chrétienne.

D'autres documents existent pour les 7-9 ans, les 9-11 ans et les 13-15 ans. Plus tard, il y aura aussi des propositions pour les 15-18 ans, les jeunes adultes, les adultes matures et les adultes retraités.

Pourquoi une nouvelle édition ?

En 2009-2010, la collection « Sel de Vie » a reçu un *imprimatur à usage catéchétique en France ad experimentum*. Cette expérimentation a suscité un important travail d'écriture tenant compte à la fois des réactions pastorales et d'une relecture théologique faite par Mgr d'Ornellas. Ainsi, les Services de Catéchèse de la province de Rennes ont enrichi et affiné l'ensemble des propositions catéchétiques. Cette réécriture se traduit par des précisions dans les repères et la création du DVD « Sel de Vie 11-13 ans » (le renvoi vers ses contenus est inséré dans le déroulement des pédagogies).

Sur quoi s'appuie la collection ?

La collection « Sel de Vie » s'appuie sur les fondamentaux exprimés par les évêques dans le *TNOCF* : le choix de la pédagogie d'initiation, le mystère pascal au cœur de l'initiation, une catéchèse vécue dans des communautés missionnaires.

La pédagogie d'initiation

La pédagogie d'initiation enracine la pratique catéchétique dans la pédagogie du Christ (*TNOCF*, pp. 45-60). Elle se laisse guider par le seul véritable initiateur, le Christ mort et ressuscité et puise sa source dans l'Écriture et la Tradition vivante de l'Église. « Sel de Vie » propose des itinéraires qui interpellent les personnes, les poussent à poser des questions pour que la Parole de Dieu et les témoignages trouvent un écho dans le cœur, l'intelligence et la vie quotidienne.

La personne

« Le but définitif de la catéchèse est de mettre quelqu'un non seulement en contact mais en communion, en intimité avec Jésus Christ » (*Exhortation apostolique Catechesi tradendae* n° 5). Dans cette dynamique, la catéchèse doit permettre aux personnes qui vivent une démarche de foi « de se tenir dans la vie en croyants » (*Aller au cœur de la foi, Lettre au peuple de Dieu*, p. 13).

Elle est une initiation à la vie de l'Église par la célébration des sacrements et la prière commune ou personnelle. Elle favorise la découverte de l'histoire du salut. Enfin la catéchèse prépare à la rencontre avec le Christ et son Père pour que le croyant puisse vivre en cohérence avec la foi de l'Église.

La Parole de Dieu

La pédagogie d'initiation prend sa source dans l'Écriture. En découvrant l'histoire du peuple de Dieu et en écoutant les paroles des prophètes, en s'appropriant les mots des Psaumes, en suivant le Christ et ses disciples, le catéchisé reçoit l'Écriture comme une source qui « ouvre à la connaissance du mystère de la foi » (*TNOCF*, p. 50). La catéchèse fait retentir la Parole de Dieu : « elle transmet les faits et les paroles de la Révélation : elle doit les proclamer et les raconter » (*Directoire Général pour la Catéchèse* n° 39). Par différentes pédagogies, la collection « Sel de Vie » permet aux catéchisés, et aux catéchistes, de découvrir la richesse de l'Écriture et de la recevoir comme la chance d'une rencontre avec le Christ et son Père.

La communauté chrétienne

La communauté chrétienne porte la mission de l'Église. Les modules « Sel de Vie » favorisent la rencontre entre les catéchisés et la communauté. La pédagogie invite à rencontrer des témoins, à participer aux temps forts liturgiques, à découvrir les différents acteurs de la vie paroissiale, laïcs, religieux et prêtres.

Une proposition par module

La collection « Sel de Vie » répond à une **organisation de catéchèse ordonnée à toutes les étapes de la vie** (*TNOCF*, pp. 73-77). Un des principes directeurs de cette organisation est le module.

Qu'est-ce qu'un module ?

« Par module nous entendons une démarche qui s'étale sur plusieurs rencontres, selon une durée, un rythme et des modalités qui peuvent varier selon les âges et les possibilités. » (*TNOCF*, pp. 75-76).

Chaque module conduit le catéchisé à découvrir une réalité importante de la foi. Il est constitué d'étapes qui tracent un itinéraire : il favorise un déplacement chez les personnes en les invitant à exprimer leurs questions essentielles, à se disposer à l'écoute de la Parole de Dieu et à la rencontre avec des témoins, à se laisser initier à la prière pour rencontrer Jésus Christ. S'adaptant aux réalités des personnes de la paroisse, et du rythme de la catéchèse, un module peut être vécu sur une durée différente en fonction du cheminement des jeunes. En moyenne, il est conseillé pour les 11-13 ans de vivre deux ou trois modules sur une année.

Vocabulaire d'un module

1. **Une visée :** chaque module est introduit par une visée. Elle donne l'orientation théologique choisie et explicite ce que le catéchisé est invité à comprendre et à vivre de la foi dans un **itinéraire**.
2. **Un itinéraire :** il se construit par **étapes**.
3. **Une étape :** les étapes sont à suivre dans l'ordre proposé. Une étape peut être vécue en une ou plusieurs rencontres.
4. **Un enjeu :** il précise ce que les personnes vont découvrir de la foi au cours d'une **étape**.
5. **Des objectifs :** ils décrivent la manière dont on va aborder l'**enjeu**.
6. **Un déroulement :** il détaille pas à pas le contenu pédagogique de l'**étape**. Il propose des activités, précise l'utilisation des pages du livret jeune et renvoie au DVD.

L'attitude du catéchiste

La catéchèse est le lieu de la relation et de la rencontre. Elle invite à une attitude toute particulière de la part des personnes qui en reçoivent la mission. Il s'agit de devenir à la fois témoin et accompagnateur. **Pour aider les catéchistes à adopter cette attitude, la rencontre entre catéchistes qui se trouve au début de chaque module est essentielle.**

Le catéchiste : un témoin

Il est disposé à faire lui-même l'expérience d'une vie touchée par l'amour de Dieu et à se laisser interpeller par la Parole de Dieu et l'Eucharistie. « Le messager authentique, l'évangélisateur est un témoin. Or, sans l'implication existentielle qui fait de l'auditeur un témoin pleinement investi de la puissance de la Parole, l'activité de prédication et de catéchèse est destinée à demeurer stérile [...] la crédibilité de l'annonce passe ainsi par cette implication personnelle qui fait que **ce que le catéchiste annonce est également ce dont il vit**. » (Intervention d'Enzo Bianchi à Lourdes le 26 octobre 2007, *Ecclésia 2007*, *Tabga hors-série* n° 3, p. 26). Cette transformation intérieure qu'est la conversion pousse le catéchiste à dire ce qui le fait vivre, à témoigner de sa rencontre personnelle avec Jésus Christ, à prendre la parole à la suite d'une multitude de croyants.

Le catéchiste : un accompagnateur

Il est celui qui, pendant quelques mois, va tourner le regard des personnes vers Jésus Christ. Il est celui qui va le présenter, comme on présente un ami à un autre ami. Le catéchiste est avant tout **un disciple « en chemin à la suite du Christ »** (*TNOCF*, p. 47). Cette familiarité avec le Christ, cette amitié l'invitent à devenir compagnon du catéchisé : il sera attentif à chacun et favorisera l'expression personnelle, il aidera à croiser des liens entre vie et foi et suscitera une relecture du chemin parcouru pour y reconnaître la présence de Dieu.

Les différentes attitudes du catéchiste

Il marche devant le catéchisé

Le catéchiste a été appelé à cette mission parce que d'autres chrétiens ont reconnu en lui un disciple du Christ. Son désir de dire la joie de cette rencontre fait de lui quelqu'un sur qui le catéchisé peut compter. Parce que cette rencontre avec le Christ a déjà changé sa vie, on peut dire de lui qu'il marche devant ceux qu'il accompagne. Il est un frère aîné dans la foi. Il leur désigne Jésus Christ comme étant celui qui leur fera rencontrer le Père et vivre de l'Esprit.

Il marche à côté du catéchisé

En même temps qu'il marche devant, il marche aussi à côté. La foi continue jour après jour à transformer ce qu'il est. Avec les catéchisés, il approfondit sa relation au Christ et l'enrichit grâce à leurs questions et découvertes.

Il marche derrière le catéchisé

La parole d'un enfant ou d'un converti peut bouleverser le catéchiste. Toute catéchèse est relation : le maître doit s'effacer pour laisser grandir le frère en Jésus Christ.

11-13 ans : une étape de la vie

Les modules « Sel de Vie » tiennent compte du *Texte National pour l'orientation de la catéchèse en France*, du *Directoire Général pour la Catéchèse*, du *Catéchisme de l'Église Catholique* et des recherches des sciences humaines.
Chaque étape de la vie est caractérisée par des dynamismes vitaux, c'est-à-dire ce qui témoigne d'une part de la recherche de sens ou de Dieu, et d'autre part du désir de vérité ou d'absolu de chacun. Il s'agit de s'appuyer sur ce qui fait vivre les personnes à chaque étape : ce qui éveille leur désir, mobilise leur énergie, habite leur quotidien tant au niveau psychique, affectif, intellectuel que spirituel.

S'appuyer sur les dynamismes vitaux

- Il a soif de vérité : c'est une période où s'affirme le besoin de comprendre et d'explorer des événements et des idées pour apporter soi-même des réponses. Le jeune adolescent a besoin de s'opposer et d'argumenter pour appréhender et s'approprier la réalité.
- Il a soif d'action : c'est l'âge où le jeune adolescent est le plus souvent ouvert à l'action : il veut être lui-même acteur, se sentir responsable. Il est prêt à se laisser solliciter pour relever des défis. Il est très sensible aux questions de justice, de respect de la loi, des personnes, de l'environnement, *etc.* Le jeune adolescent a besoin de rencontrer des témoins qui vivent leur foi dans le quotidien, avec bonheur et dynamisme.
- Il a soif de relation : le jeune adolescent entre dans la période de contradictions et de paradoxes. Entre l'enfance et l'adolescence, il est partagé entre sa famille et ses amis. Le groupe commence à avoir beaucoup d'importance et d'influence. Son regard sur la société s'aiguise. Il a aussi besoin de retrouver d'autres jeunes chrétiens, de s'identifier et d'être reconnu par des collégiens plus âgés.
- Il a soif d'intériorité : un grand désir d'absolu est présent chez le jeune adolescent : il se pose la question de Dieu. Existe-t-il ? Pourquoi ? Durant cette étape de construction et de fragilité, il est important de l'aider à mettre en mots ce qu'il ressent, les questions qu'il se pose. Dans le monde et sous le regard des autres, il se demande : « Qui suis-je ? »

Découvrir l'esprit des Béatitudes et l'histoire du salut

Le *TNOCF* propose un cadre de référence par étapes de la vie (p. 75) : « nous appelons "**cadre de référence**" toute synthèse cohérente et vitale de la foi qui précise quels appuis de la vie chrétienne sont à honorer. (*Cf. Directoire Général pour la Catéchèse* n° 114-115) »
Les modules pour les jeunes de 11-13 ans croisent le **cadre de référence de l'histoire du salut et des Béatitudes**. Leur visée est de permettre aux jeunes de percevoir leur place dans l'histoire du salut et de découvrir à quel bonheur Dieu appelle tout homme. Chacun de ces modules ouvre une porte différente pour entrer dans le mystère de l'Alliance de Dieu avec les hommes. Il propose aux jeunes de :
- croiser des hommes et des femmes dont la vie a été touchée par la rencontre avec Dieu,
- découvrir que l'Écriture Sainte est Parole de Dieu qui guide la vie des croyants,

- contempler Dieu qui donne son amour en toutes circonstances,
- s'émerveiller devant Dieu qui accompagne l'histoire de chacun,
- prendre place dans l'histoire du salut,
- percevoir leur liberté et être initiés au choix et au discernement,
- se familiariser avec la prière.

Les outils

Pour les catéchistes

Le livre du catéchiste

Ce livre du catéchiste comprend deux modules :

- Heureux d'aimer
- Heureux d'espérer

Quatre autres modules, présentés dans le tome 2 et le tome 3, viennent compléter la proposition :

- Heureux de vivre
- Heureux de croire (avec des éléments pour la préparation à la profession de foi)
- Heureux de grandir
- Heureux d'agir

L'ensemble s'articule autour de l'histoire du salut et l'esprit des Béatitudes (*cf.* Fondements, p. 21).

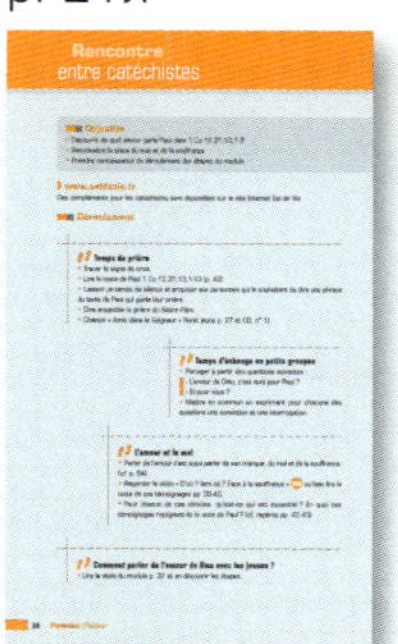

Pour chaque module une rencontre pour les catéchistes permet de vivre un temps de catéchèse et de se familiariser avec l'itinéraire proposé aux jeunes.

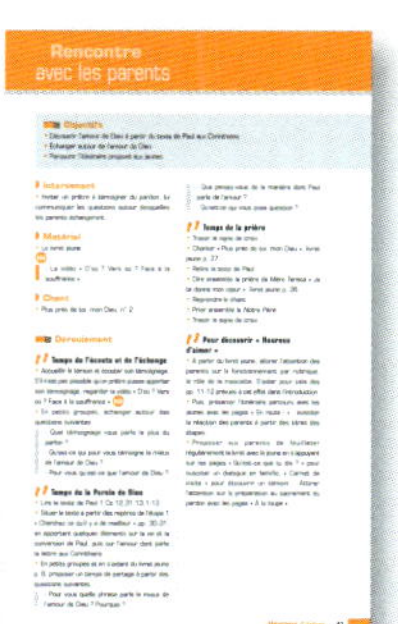

Un temps de catéchèse est proposé aux parents qui le souhaitent. Une démarche personnelle est prévue à partir des questions soulevées par le module.

DVD Ce logo vous informe que la ressource dont il est question se trouve sur le DVD « Sel de Vie 11-13 ans ».

L'avis de Gabriel

L'avis de Gabriel dans le déroulement pour les catéchistes est une synthèse de l'étape qui donne un repère au catéchiste et aux jeunes et fait apparaître clairement le fil conducteur entre les étapes.

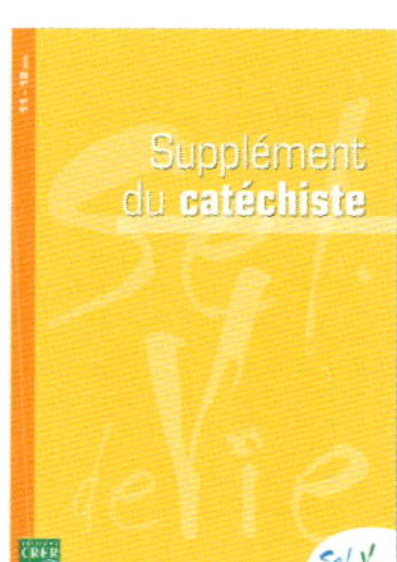

Le supplément du catéchiste

Nécessaire aux déroulements des rencontres, il regroupe des jeux ou du matériel pédagogique.

Introduction

Le DVD

Des ressources pour l'équipe, pour les rencontres entre catéchistes ou avec les parents : plus de trois heures de vidéos (témoignages, vidéos de lancement, reportages, interviews...), des chants en MP3 et des PDF (paroles, matériel pour les enquêtes...).

- Les vidéos présentes sur le DVD sont lisibles sur un lecteur DVD ou sur un ordinateur.
- L'accès à des ressources supplémentaires (signalées par le logo PDF dans les pédagogies) est possible en insérant le DVD dans un ordinateur, il vous suffit :

> - d'aller dans « Poste de travail » (Windows XP) ou « Ordinateur » (Windows Vista, 7, 8) ou Finder (Mac) ;
> - de faire un clic droit sur l'icône DVD ;
> - de cliquer sur « Ouvrir ».

Les contenus, rangés par module, sont dans le dossier « PDF imprimables ».
Plus d'informations p. 20.

Ce DVD a été réalisé en partenariat avec **Le Jour du Seigneur**
Le site **www.lejourduseigneur.com** ainsi que certaines vidéos du DVD vous permettront d'animer vos rencontres, d'illustrer votre propos, de visionner les sacrements en images, ou encore de découvrir des témoins d'hier et d'aujourd'hui.

Le CD

Il contient des chants adaptés aux jeunes et en lien avec les modules.

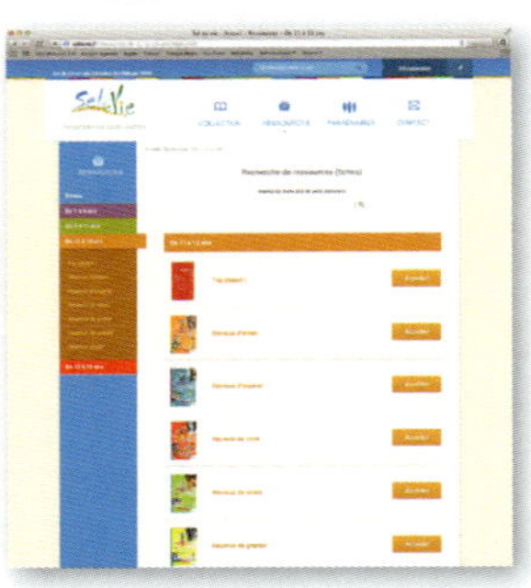

Le site Internet

www.seldevie.fr

On y retrouve une présentation de l'ensemble de la collection, des bonus (bricolages, prières, dessins) ainsi que des ressources accessibles par mot de passe (*cf.* p. 2).

Pour chaque jeune

Chaque module fait l'objet d'un Livret qui lui est propre.

Le principe d'un magazine

Le livret jeune suit le principe d'un magazine. Il n'est pas conçu pour être lu linéairement du début à la fin. Son objectif est double :

> - Les déroulements d'étapes proposés dans le livre du catéchiste renvoient à différentes rubriques du livret jeune. Ce fonctionnement permet d'aborder une même question sous différents angles (bible, témoignage, regard sur le monde, spiritualité, *etc.*).
> - Les jeunes ont un document personnel qui peut répondre à certaines de leurs questions. La forme non scolaire et ludique leur permet de se l'approprier, de le lire progressivement et d'aborder chaque rubrique comme un tout.

Les rubriques

Les rubriques déclinent la question du module en proposant différentes approches. Les titres des rubriques suivent la thématique du voyage. Les jeunes commencent un itinéraire de foi ; les rubriques sont des balises pour avancer sur ce chemin avec d'autres ou seul.

L'**Édito** interpelle les jeunes et suscite le dialogue. Il peut être proposé en début d'étape pour lancer la discussion.

Qu'est-ce que tu dis ?

Des questions en lien avec la problématique abordée dans le module. Cette rubrique permet de susciter d'autres questions ou de résonner avec les questions que se posent les jeunes de l'équipe. Ces pages peuvent être, elles aussi, utilisées en début d'étape mais elles peuvent aussi être consultées en cours de cheminement pour dynamiser la réflexion ou évaluer le chemin parcouru. (À quelles questions commençons-nous à apporter une réponse ? Ou au contraire, quelles questions faut-il continuer à se poser ?)

Globe-trotter

Cette rubrique est une page ouverte sur le monde. Elle croise la problématique du module avec une réalité actuelle.

En route !

C'est l'équivalent du dossier dans un magazine. Il est central dans le déroulement pédagogique et dans le livret lui-même. L'Écriture Sainte est au cœur de chaque module. Cette rubrique propose les textes bibliques dans la traduction liturgique et donne des éléments pour les comprendre et les situer. En équipe, les jeunes feront une première approche de découverte, de compréhension et de partage. Seuls ou en famille, ils pourront approfondir et revenir sur les textes bibliques pour nourrir leur cheminement et leur prière personnelle.

À la loupe

Cette rubrique propose, dans la première double page, l'approche culturelle d'un sacrement : ses origines scripturaires et quelques repères historiques. La deuxième double page propose un cheminement personnel à vivre avant le sacrement, à partir d'un texte d'évangile et présente la démarche spécifique du sacrement.

Ta boussole

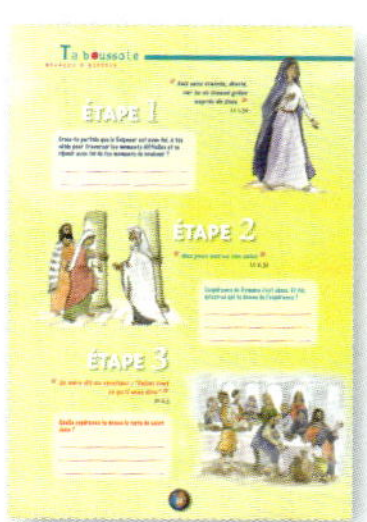

En prenant un temps de relecture en fin de chaque étape, les jeunes sont invités à intérioriser ce qui a été vécu et partagé lors des rencontres. Cette rubrique est comme une boussole qui indique le nord en s'appuyant sur la vie des jeunes. Elle pose quelques jalons pour faire grandir la vie intérieure et spirituelle de chacun.

Carnet de visite

Partir à la découverte d'une grande figure de la foi ! Cette rubrique donne quelques éléments pour connaître un témoin, sa vie, sa mission et sa spiritualité. Elle propose également quelques textes phares pour prier avec lui.

Pour chanter

On y trouve les paroles de chants proposés dans le module.

Cent mille questions
et **Dans ton sac à dos**

Deux rubriques pratiques qui répondent aux besoins pédagogiques du module. Elles permettent aux jeunes de garder une trace de ce qui a été partagé en équipe et qui pourra nourrir leur réflexion et leur foi personnelle.

En Bref aide à se souvenir de manière ludique de l'étape précédente. Ce temps est proposé en début de chaque nouvelle étape et est à vivre en équipe.

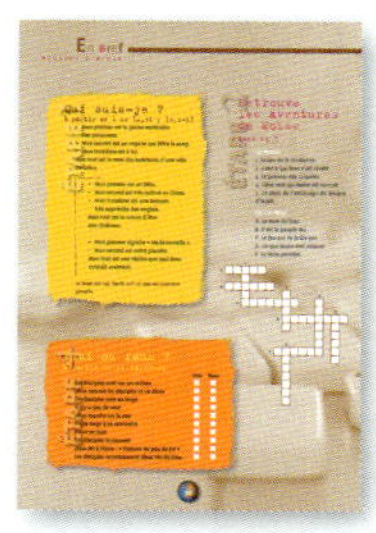

La mascotte Gabriel

Gabriel est la mascotte du livret jeune. Elle fait le lien entre les étapes.

Les modules

Visée du module

Heureux d'aimer

La visée de ce module est de découvrir que Dieu le premier nous aime et que cet amour est inconditionné. Dieu a un projet pour l'homme : il veut le bonheur de tous, il veut que tout homme puisse le découvrir pour être libéré du mal, du péché et recevoir sa vie.
Cependant, nous sommes créés libres d'accueillir et de refuser cet amour. L'existence est le jeu de cette liberté qui tantôt éloigne l'homme de son Créateur, tantôt le rapproche.
Ce projet de Dieu s'inscrit dans l'histoire des hommes. Avec Jésus Christ est révélé le projet de Dieu pour l'humanité tout entière. De l'élection du peuple d'Israël, aux témoins de la foi d'aujourd'hui, l'histoire des hommes est l'histoire de l'Alliance de Dieu avec son peuple. Son amour reçu et partagé nous fait prendre conscience de notre participation à cette histoire du salut.

Heureux d'espérer

La visée de ce module est de découvrir que l'espérance chrétienne ouvre un chemin du bonheur. Don de Dieu, l'espérance est une ancre qui assure la solidité des liens avec le Christ mort et ressuscité, malgré les remous de la vie.
L'espérance est une attitude à faire grandir dans l'intelligence et dans le cœur des jeunes. Guidés par Marie, nourris par la vie de l'Église, l'espérance leur permettra de se tenir debout, de faire face au désespoir, de soutenir leur foi, et de prendre leur place dans ce monde.

Heureux de vivre

La visée de ce module est de permettre aux jeunes de découvrir que l'Église est née du don de l'Esprit Saint. Elle est le lieu privilégié pour vivre à la suite du Christ. Vivre en chrétien, c'est être rassemblé par Dieu, et envoyé dans le monde : l'Église est le Peuple de Dieu.
C'est vivre des sacrements et se reconnaître membres de l'Église : elle est le Corps du Christ.
C'est prendre conscience que l'Esprit habite et anime l'Église : elle est le Temple de l'Esprit.

Heureux de croire

La visée de ce module est de permettre aux jeunes de découvrir que croire est un acte vital qui répond au désir profond de vérité et de bonheur. « Qui dit "Je crois" dit "J'adhère à ce que nous croyons" » *Catéchisme de l'Église Catholique* n° 185.
En disant « Nous croyons », nous reconnaissons que nous recevons la foi de l'Église et que chacun est appelé à faire un chemin de foi qui lui permettra de dire « Je crois ». En retournant à la source du baptême, première profession de la foi en un seul Dieu, Père, Fils et Saint Esprit, les jeunes pourront en redécouvrir le sens pour en vivre davantage.

Étapes	Textes bibliques	Témoins de la foi	Sacrement
1 - « Cherchez ce qu'il y a de meilleur » 2 - « Je serai avec toi » 3 - « Je ne le connais pas » 4 - « N'ayez pas peur » 5 - « Heureux êtes-vous » Temps fort : « Va en paix »	1 - 1 Co 12,31-13,13 2 - Ex 3,1-22 3 - Lc 22,54-62 4 - Mt 14,22-33 5 - Mt 5,1-12 Temps fort : Mc 10,46-52	Mère Teresa	Le pardon
1 - « Je vous salue Marie » 2 - « Mes yeux ont vu ton salut » 3 - « Faites tout ce qu'il vous dira » 4 - « Voici ta mère » 5 - « Notre cœur n'était-il pas tout brûlant ? »	1 - Lc 1,26-38 2 - Lc 2,22-32 3 - Jn 2,1-12 4 - Jn 19,25-30 5 - Lc 24,13-35	Marie	L'eucharistie
1 - « Sur lui reposera l'esprit du Seigneur » 2 - « D'un seul cœur » 3 - « L'Église hier et aujourd'hui ! » 4 - « Un même Esprit, un même corps » 5 - « Recevez le Royaume »	1 - Is 11,2-3 2 - Ac 2,42-47 3 - [Petite histoire de l'Église] 4 - 1 Co 12,12-27 5 - Mt 25,34-40	Pier Giorgio Frassati	La confirmation
1 - « Pour vous qui suis-je ? » 2 - « Écoute ! » 3 - « Bâtir sur le roc » 4 - « Il vit et il crut » Temps fort : « Je crois » Avec des éléments pour la préparation à la profession de foi.	1 - Mt 16,13-17 2 - [À la découverte de la bible] 3 - Mt 7,24-27 4 - Jn 20,1-10 Temps fort : [Je crois]	Martin de Tours	Le baptême

Introduction

Visée du module

Heureux de grandir

La visée de ce module est de permettre aux jeunes de découvrir qu'ils sont appelés, comme Jésus et avec lui, à grandir « en sagesse, en taille et en grâce, sous le regard de Dieu et des hommes » (Lc 2,52). La vision chrétienne de l'homme ne sépare pas les trois dimensions physique, humaine et spirituelle. C'est par elles que Dieu vient rejoindre l'homme pour l'inviter à la conversion et faire de lui son témoin devant les hommes.

À travers des récits de conversion et d'appel, les jeunes pourront découvrir pour eux-mêmes le dessein d'amour du Père, comment il les accompagne sur ce chemin de croissance pour se tourner avec confiance vers l'avenir.

Heureux d'agir

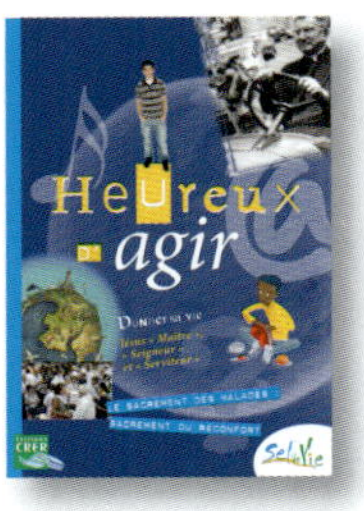

La visée de ce module est de découvrir que Dieu crée l'homme à son image, libre et doué de raison ; il l'associe à son œuvre permanente de Création. Aussi l'homme est-il appelé à agir dans le monde pour le transformer au service du bien commun : être attentif aux problèmes de l'environnement, à la justice, à la répartition des richesses, au respect et à la dignité de chacun. Vivre en homme libre, c'est se laisser conduire par l'Esprit Saint et prendre part à la construction de ce monde que Dieu nous confie en gérance. C'est s'engager à être serviteur comme le Christ lui-même, proche des plus faibles et donné jusqu'au bout. Ce module invite les jeunes à vivre en citoyens responsables et en chrétiens actifs, heureux d'agir pour le bonheur de tous.

Étapes	Textes bibliques	Témoins de la foi	Sacrement
1 - « Écoute, Israël » 2 - « Il grandissait sous le regard de Dieu et des hommes » 3 - « Que cherchez-vous ? » 4 - « Crois au Seigneur Jésus »	1 - Dt 6,1-9 2 - Lc 2,41-52 3 - Jn 1,35-43 4 - Ac 16,22-34	Sœur Emmanuelle	Le mariage et l'ordre
1 - « Dieu créa l'homme à son image » 2 - « Ta justice marchera devant toi » 3 - « Comprenez-vous ce que je viens de faire ? » 4 - « Qui est mon prochain ? »	1 - Gn 1,26-31 2 - Is 58,6-8 3 - Jn 13,1-15 4 - Lc 10,25-37	Monseigneur Rodhain	L'onction des malades

Un nouvel outil indispensable aux catéchistes !

Pour vous faciliter la mise en œuvre de la pédagogie, retrouvez toutes les ressources nécessaires pour animer les rencontres en équipe, entre catéchistes et avec les parents dans le DVD 11-13 ans.

Plus de 3 h de vidéos :

- **Témoignages,**
- **Vidéos de lancement,**
- **Reportages,**
- **Interviews…**

Des chants en MP3

Des PDF :

- **Chants,**
- **Matériel pour les enquêtes…**

Simple d'utilisation, dans ce DVD, les outils sont classés par modules et par rencontres.

En partenariat avec

Le Jour du Seigneur

ÉDITIONS CRER

www.editions-crer.fr
www.seldevie.fr

Sel de Vie

Fondements

11 - 13 ans

Un fil conducteur pour les modules

- Les grandes étapes du salut
- L'esprit des Béatitudes et l'histoire du salut ?
- Le judaïsme, religion de Jésus
- Se repérer dans la bible

Les grandes étapes du salut

Le fil conducteur des modules pour les enfants de 11 à 13 ans

Qu'entendons-nous par salut ?

Le salut, c'est être sauvé !
À son origine, le peuple d'Israël a vécu l'expérience fondamentale de l'Exode : il a été **sauvé de l'esclavage** d'Égypte et conduit à travers le désert vers la Terre promise. Avec Moïse, au désert, les Hébreux ont reconnu la véritable identité de Dieu. Il n'est pas comme les dieux païens, il accompagne son peuple, il l'aime, **il le sauve de la détresse et du péché**. Israël découvre que Dieu veut son bonheur. Il est comme un père qui aime son enfant et le guide par sa Parole. Dans son histoire, Israël a vécu l'expérience du salut à plusieurs reprises : l'entrée en terre promise, l'exil... Les juifs confessent que c'est le Dieu d'Abraham, d'Isaac et de Jacob qui les a tirés du mal, des eaux de la mort, pour les faire entrer dans la vie.
Toute la vie de Jésus de Nazareth établit que le projet de Dieu est de sauver les hommes. Fils unique de Dieu, il ne cesse de révéler son amour. Il conduit l'homme à sa dignité, il enseigne, guérit, pardonne, multiplie les pains, maîtrise la mer. Il appelle, relève, donne sa confiance, envoie... Pourtant Dieu ne sauve pas les hommes malgré eux : Jésus invite, demande, laisse libre : « Si tu veux... »
Le salut pour nous. Les actes et paroles de Jésus Christ, son passage par la mort et la résurrection, sont signes aujourd'hui du salut de Dieu déjà là parmi nous. Les disciples reçoivent la mission de l'annoncer : « Vous êtes donc chargés d'annoncer les merveilles de celui qui vous a appelés des ténèbres à son admirable lumière. » (1 P 2,9).
Le salut, c'est la vie éternelle. « Ce que le Christ lui-même nous a promis, c'est la vie éternelle. » (1 Jn 2,25). « Or la vie éternelle, c'est de te connaître, toi, le seul Dieu, le vrai Dieu, et de connaître celui que tu as envoyé, Jésus Christ. » (Jn 17,3). La Parole de Dieu nous est donnée pour qu'en Église nous nous encouragions les uns les autres à persévérer sur le chemin du salut.

Avons-nous besoin de l'Ancien Testament si nous reconnaissons que le Sauveur est le Christ Jésus ?

Oui ! Nous ne pouvons comprendre le Christ sans le projet d'amour de Dieu pour l'humanité et l'histoire du peuple de l'Alliance. Jésus, de nombreuses fois dans son enseignement, prend appui sur la révélation faite à Israël et accomplit « la promesse faite à nos pères » (Lc 1,55). Nous ne pouvons comprendre cette révélation et cet accomplissement en Jésus si nous n'avons pas connaissance de ce long chemin de proximité de Dieu à l'égard du peuple élu, si nous ne faisons pas l'expérience de la fidélité de Dieu, si nous ne reconnaissons pas dans ce peuple des croyants sauvés.
Toute la pédagogie de Dieu est de nous donner l'histoire d'Israël comme chemin d'accueil de sa grâce et de sa révélation. Elle nous conduit à Jésus Christ et nous fait reconnaître que nous sommes de cette humanité aimée de Dieu, lente à se convertir, promise à la vie.

Quel est le rôle de Jésus de Nazareth dans cette histoire du salut ?

Selon la foi chrétienne, Jésus a la première place dans l'histoire du salut. Il est l'unique médiateur entre Dieu et les hommes (*cf.* 1 Tm 2,5), le « médiateur d'une Alliance nouvelle » (He 9,15 ; 12,4.24). Étant le Fils unique de Dieu « devenu semblable aux hommes et reconnu comme un homme à son comportement » (Ph 2,7), il récapitule en lui toute l'histoire de la première Alliance et fonde sur l'offrande de sa vie, une « Alliance dont il est médiateur est plus parfaite » (He 8,6), unique et définitive.

Par toute sa vie terrestre, Jésus ne cesse de révéler l'Amour créateur et rédempteur de Dieu son Père : il révèle l'homme à sa dignité, enseigne, guérit, pardonne, multiplie les pains, maîtrise la mer (symbole des forces obscures pour le monde juif). Il appelle, relève, donne sa confiance, envoie, *etc.*

Pourtant, Dieu ne sauve pas l'homme malgré lui. Jésus invite à, demande : « Si tu veux... ». Nul n'est sauvé indépendamment de sa participation au salut.

Ses actes sont signes aujourd'hui encore d'un salut déjà là parmi les hommes. Dépositaires de cette œuvre de salut du Christ en leur vie, les disciples reçoivent la mission d'y être associés, d'en être rendus participants. « Vous êtes donc chargés d'annoncer les merveilles de celui qui vous a appelés des ténèbres à son admirable lumière. » (1 P 2,9). « Allez donc ! De toutes les nations faites des disciples, baptisez-les au nom du Père, et du Fils, et du Saint-Esprit ; et apprenez-leur à garder tous les commandements que je vous ai donnés. Et moi, je suis avec vous tous les jours jusqu'à la fin du monde. » (Mt 28,19-20).

Quelles sont les grandes étapes de l'histoire du salut ?

Les grandes étapes du salut s'orientent vers le Christ et s'ordonnent avec lui. Jésus est le nouvel Adam, le nouveau Moïse, le nouveau David, le nouvel Élie... Il est le Messie promis à Israël, venu le libérer. Il offre le salut à tous. « C'est lui, le Christ, qui est notre paix : des deux, Israël et les païens, il a fait un seul peuple » (Ep 2,14).

Nous pouvons reconnaître les étapes de l'histoire du salut selon l'ordre de l'histoire biblique :

- À l'origine de l'humanité, la création, le péché d'Adam et Ève, Noé...
- Les Pères dans la foi : Abraham, modèle du croyant ; Isaac ; Jacob ; Joseph...
- L'Exode : la libération de la servitude avec Moïse et l'entrée en Terre promise avec Josué et les Juges
- La royauté avec David et Salomon...
- Le temps des prophètes avec Osée, Amos, Isaïe (Is 1–39), Jonas...
- Le temps de l'Exil avec Isaïe (Is 40–65), Jérémie et Ezéchiel
- Le retour d'Exil
- L'avènement du Messie en Jésus
- Le temps de l'Église.

Nous pouvons également les aborder selon les fondamentaux de la foi chrétienne : le mystère Pascal ; l'incarnation ; la création ; l'Église ; l'alliance ; la Trinité ; la révélation ; la vie dans l'Esprit.

L'esprit des Béatitudes et l'histoire du salut ?

Le désir de bonheur

Ancré profondément dans le cœur de tout homme, ce désir n'aboutit pas forcément à l'accomplissement de la personne. Lorsque cette quête est confondue avec le désir de pouvoir, de satisfaction immédiate ou d'égocentrisme, la quête du bonheur conduit souvent au malheur. Alors, quel bonheur peut combler ce désir ? « Les béatitudes répondent au désir naturel de bonheur. Ce désir est d'origine divine ; Dieu l'a mis dans le cœur de l'homme afin de l'attirer à lui qui seul peut le combler : [...] "Comment est-ce donc que je te cherche, Seigneur ? Puisqu'en te cherchant, mon Dieu, je cherche la vie heureuse, fais que je te cherche pour que vive mon âme, car mon corps vit de mon âme et mon âme vit de toi" (Saint Augustin, *Les confessions*, 10, 29). »
Catéchisme de l'Église Catholique, n° 1718.

Quel est le message des Béatitudes ?

Le projet du salut s'inscrit dans l'histoire d'un peuple, se heurte à ses contradictions, grandit avec son espérance, mais toujours conduit les hommes et les femmes à vouloir vivre en Dieu. Les Béatitudes prononcées par Jésus dans le sermon sur la montagne (Mt 5,1-12) reprennent l'espérance du peuple d'Israël et annoncent le Royaume de Dieu. Jésus promet la vie que lui-même a vécu : proche du Père et traversée par la joie et la souffrance. Un bonheur fait de passages et de limites mais habité par l'Espérance. Être heureux selon Jésus Christ, c'est vivre en se laissant transformer par la mort et la résurrection. « Les Béatitudes dépeignent le visage de Jésus Christ et en décrivent la charité ; elles expriment la vocation des fidèles associés à la gloire de sa passion et de sa Résurrection ; elles éclairent les attitudes caractéristiques de la vie chrétienne ; elles sont les promesses paradoxales qui soutiennent l'espérance dans les tribulations. »
Catéchisme de l'Église Catholique, n° 1717.

La béatitude chrétienne : la vie éternelle

L'histoire du salut est une promesse pour chacun. Depuis la Création, elle est traversée par l'espérance en la vie éternelle. Elle est l'histoire de tout croyant. Elle rejoint tout homme qui se pose la question de son devenir et de son être. L'espérance chrétienne est habitée par le Christ, nourrie par son enseignement, guérie par ses actes, convertie par sa mort, vivifiée par sa résurrection. Cette espérance est une puissance de conversion et d'action enracinée dans la charité initiée par le Christ. Elle place le chrétien devant la nécessité de faire des choix de vie ou d'action, d'être guidé par la prière et ressourcé par la Parole de Dieu. L'espérance est l'ancre de l'âme (He 6,19). « Le Décalogue, le sermon sur la montagne et la catéchèse apostolique nous décrivent les chemins qui conduisent au Royaume des cieux. Nous nous y engageons pas à pas, par des actes quotidiens, soutenus par la grâce de l'Esprit Saint. Fécondé par la Parole du Christ, lentement nous portons des fruits dans l'Église pour la Gloire de Dieu. »
Catéchisme de l'Église Catholique, n° 1724.

Le judaïsme, religion de Jésus

L'histoire du peuple d'Israël a commencé il y a plus de trois mille ans, cependant on ne parle de « judaïsme » qu'à partir de l'exil à Babylone (587-539 av. J.-C.). Le judaïsme comme religion du peuple juif renvoie à différents éléments qui caractérisent l'identité juive : la foi de ce peuple, mais aussi un enracinement ethnique, des usages et des coutumes.

L'exil à Babylone a anéanti le peuple des fils d'Israël. Ces derniers ont tout perdu : leur terre, leur roi et leur indépendance politique, leur temple. C'est l'exil qui va être, en quelque sorte, la matrice du judaïsme comme religion. Au retour d'exil, l'identité du peuple juif se forge autour de la foi en un Dieu unique qui s'est révélé aux ancêtres, Abraham et Moïse, et qui a établi une alliance avec eux. Cette identité se forge également autour de la constitution de la Torah (les cinq premiers livres de la bible) qui sera proclamée loi d'état par Esdras vers 400 av. J.-C. Certains rites et coutumes prennent alors beaucoup d'importance : la prière et l'observance du sabbat, la circoncision, les pèlerinages à Jérusalem, dans le Temple reconstruit, le jeûne et la pratique de l'aumône.

Jésus a été un pratiquant de la religion juive :
- Au huitième jour, après sa naissance, il est circoncis, signe marquant dans la chair l'alliance de Dieu avec son peuple (*cf.* Gn 17,11-12, Lc 2,21).
- Il est présenté au temple, selon la Loi de Moïse (*cf.* Lc 2,22-23).
- À douze ans, avec ses parents, il se rend à Jérusalem pour la fête de la Pâque (*cf.* Lc 2,41-42).
- On lui enseigne la Torah.
- Il rejoint la communauté à la synagogue de Nazareth (Lc 4,16).
- Il se rend souvent au Temple de Jérusalem.
- Il connaît la Torah, les prophètes.
- Il prie avec les psaumes.
- Il respecte le sabbat en lui donnant son vrai sens. Il fait référence à la Loi de Moïse (*cf.* Mt 8,4). Et il se joint à ses frères pour les fêtes juives, telles que la Pâque, la fête des Tentes. Il partage avec ses apôtres le repas pascal (*cf.* Mt 26,17-19).
- Dans son enseignement, il rappelle le commandement : « Tu aimeras le Seigneur ton Dieu… et tu aimeras ton prochain comme toi-même » en ajoutant un commandement nouveau : « Aimez-vous les uns les autres comme je vous ai aimés. »

Après la chute de Jérusalem en 70 de notre ère, les scribes pharisiens réorganiseront le judaïsme. Ils déterminent alors la liste de leurs livres saints (ceux qui forment la bible hébraïque) et rassemblent leurs traditions orales et écrites composées de règles de vie ou encore de récits pouvant édifier ou aider à la réflexion.

Se repérer dans la bible

La bible : un livre ou des livres ?

Le mot « bible » vient d'un mot grec qui signifie « les livres ». Ce pluriel était également utilisé pour désigner toute une bibliothèque. En passant au latin, puis au français, ce mot devient un féminin singulier : la bible.

La bible est composée de plusieurs livres écrits par des auteurs différents, à des périodes différentes. Cette collection de soixante-treize livres forme une véritable bibliothèque.

Dans une bibliothèque ordinaire, il existe plusieurs modes de classements : par auteurs, par genre, par époque, *etc.* Ainsi en est-il à l'intérieur de la bible. Pour les livres de l'Ancien Testament, la bible hébraïque (c'est-à-dire écrite en hébreu) a adopté le classement suivant : la « Loi » ou « Torah » (c'est-à-dire le Pentateuque : les cinq premiers livres bibliques), les « Prophètes » et les « Écrits ». La Septante (traduite ou écrite en grec) a retenu un classement différent : la « Loi » ou « Torah », les livres historiques, les livres poétiques et de sagesse, les livres prophétiques.

La classification hébraïque est reprise par la Traduction Œcuménique de la Bible (T.O.B.), alors que la Bible de Jérusalem (B.J.) reprend la classification grecque de la Septante. Cependant, la bible se présente comme un seul livre, rassemblant ces différents ouvrages.

La bible : un livre de référence pour les croyants juifs et chrétiens

Pour les croyants juifs et chrétiens, la bible est un livre privilégié. Pour eux, elle est porteuse du message de Dieu, riche de l'expérience d'un peuple en relation à son Dieu. Ils appellent aussi ce livre : « les Saintes Écritures » ou « l'Écriture Sainte », car il est source de vie pour eux.

Deux grandes parties dans ce livre :

- Les écrits qui concernent la première alliance de Dieu avec son peuple Israël forment l'Ancien Testament (le mot « testament » traduit un mot grec qui signifie « alliance »).
- Les écrits qui concernent la nouvelle alliance réalisée par Jésus Christ et en lui, forment le Nouveau Testament avec quatre grands genres : les Évangiles, les Actes des Apôtres, les lettres de Paul ou d'autres auteurs, le livre de l'Apocalypse.

La bible est composée de ces deux « testaments » qui ne vont pas l'un sans l'autre. Ordinairement ce qui tient un livre, c'est la reliure. Pour la bible, c'est le Christ Jésus qui constitue la reliure entre les écrits de la première alliance et ceux de la nouvelle alliance. C'est lui qui réalise et qui est l'unité de ce livre.

La bible : un livre traduit

Personne ne possède la version d'origine de la bible. La bible existait bien avant l'imprimerie et les premiers manuscrits des livres bibliques n'existent plus, de la même manière que n'existent plus les premiers manuscrits des auteurs grecs ou latins d'avant notre ère ou même du début de notre ère. La grande majorité des livres de l'Ancien Testament ont été écrits en hébreu avec quelques passages en araméen. Au 3e siècle av. J.-C., l'araméen avait pratiquement remplacé l'hébreu en Palestine comme langue courante, même si l'hébreu restait la langue liturgique. Par ailleurs, de nombreux Juifs vivaient en dehors de la Palestine. Ces Juifs de la « diaspora », parlaient grec et ne comprenaient pas l'hébreu. Ceux d'Alexandrie en Égypte entreprirent alors une traduction en grec de la bible entre 250 et 200 environ av. J.-C. Cette première traduction en grec est appelée « **la Septante** » ou encore « les Septantes ». Après cette traduction en grec, des Juifs continuent d'écrire des livres en grec comme le livre de la Sagesse ou le livre de Daniel... Ces livres sont reconnus comme faisant partie de la Septante par les premiers chrétiens ; ils sont appelés les « **deutérocanoniques** », car ils ne font pas partie de la bible hébraïque reconnue par les Juifs.

D'autres traductions ont suivi en syriaque, en copte, en latin par saint Jérôme (traduction appelée **la Vulgate**, de 390 à 405 environ), en arabe au 9e siècle, en français vers 1280... En ce début du 21e siècle, la bible est traduite dans plus de 2 350 langues, sans compter les différentes traductions dans une même langue. La bible est le livre le plus traduit au monde.

Un livre avec des genres différents et variés

De même que dans une étagère de bibliothèque peuvent se côtoyer un roman, un conte, un recueil de poèmes, un Code du travail, un témoignage, un livre de philosophie ou de sentences de sagesse, *etc.*, de même la bible est composée d'une large variété de livres.

À l'intérieur d'un même livre biblique, nous pouvons trouver différents genres, par exemple, un poème, un récit historique, un témoignage, une fable... Ces différentes manières de s'exprimer sont appelées **genres littéraires**.

Il est possible de classer les principaux genres littéraires de la bible :

- **les récits de toutes sortes :** légendes, chroniques historiques, récits de commencements...
- **les écrits des prophètes** qui parlent au nom de Dieu (récits de vocation, oracles où Dieu parle en « je », récits « apocalyptiques » qui annoncent la fin de l'histoire
- **les lois** (sociales, pénales, concernant le culte, la mort...)
- **les écrits de sagesse** (proverbes, contes, paraboles...)
- **les poèmes et les prières** (psaumes de louange, de confiance, de supplication, d'action de grâces...).

Pour mieux repérer les passages dans la bible

Chaque livre de la bible est divisé en chapitres. Pour favoriser l'étude de la bible, chaque chapitre a été divisé en sections plus petites appelées versets.
Ordinairement, on note le livre avec une abréviation. Ainsi le livre de Jérémie s'écrit-il « Jr », celui de Jonas, « Jon », l'évangile selon saint Luc, « Lc », l'évangile selon saint Matthieu, « Mt ». Pour les notations des chapitres et des versets, le code le plus couramment utilisé est le suivant :
- Gn 12,4 : livre de la Genèse, chapitre 12, verset 4
- Gn 12,4-9 : livre de la Genèse, chapitre 12, versets 4 à 9
- Gn 12–15 : livre de la Genèse, du chapitre 12 au chapitre 15
- Gn 12,1–18,15 : livre de la Genèse, du chapitre 12, verset 1 au chapitre 18 verset 15
- Gn 12,1-3 ; 37,1-11 : livre de la Genèse, chapitre 12, versets 1 à 3 et chapitre 37, versets 1 à 11.

La bible, Parole de Dieu

La bible est un recueil de livres qui, pour nous révéler qui est Dieu et ce qu'il attend des êtres humains, utilise différents genres littéraires. Tout texte de la bible, quel que soit son genre, dit quelque chose de vrai sur Dieu et sur nous, les hommes. Lorsque nous recevons une lettre, c'est d'abord pour nous une feuille de papier sur laquelle a été écrit un texte. Mais, parce que ce texte est signé, nous le lisons avec une certaine attention, et surtout avec certains sentiments : cette feuille de papier et ce texte deviennent alors « parole de quelqu'un ».
Il en est de même pour la bible. Pour les chrétiens, ces livres ne sont pas comme les autres. Dans leur foi, ils affirment qu'à travers ces écrits, Dieu s'adresse à eux et leur parle. Ils disent que Dieu « se révèle » à eux, c'est-à-dire qu'il se fait connaître, en particulier à travers ce qui concerne Jésus. Les chrétiens reconnaissent encore, dans la foi, que ceux qui ont écrit ces livres ont été « inspirés » par Dieu, comme sont « inspirés » par Dieu ceux qui essaient en Église de comprendre ce que Dieu leur révèle pour leur salut.

Quand lire la bible ?

Au cours des célébrations de sacrements qui comportent tous un temps d'écoute de la Parole de Dieu. Lorsque le prêtre ou le diacre a achevé sa lecture de l'Évangile, que dit-il ? « Acclamons la Parole de Dieu ! », et l'assemblée répond : « Louange à toi, Seigneur Jésus ! ». En effet, c'est le Christ ressuscité, Parole de Dieu, qui à travers les textes bibliques, nous adresse la parole.
Tout au long de la journée, « la prière des heures » (ou office divin) nourrit la prière des moines et des moniales, des prêtres et des diacres, et de nombreux laïcs. Cette prière compte des psaumes, des hymnes et d'autres textes de l'Écriture.

Nous écoutons la Parole de Dieu lorsqu'avec d'autres chrétiens, en équipe de mouvement, entre catéchistes, en équipe de caté, *etc.* nous nous demandons ce que cette Parole nous dit de Dieu. Cette expérience entre chrétiens se fait dans le respect et l'écoute, chacun s'enrichissant de ce que Dieu dit à l'autre. Il y a bien des façons d'écouter la Parole de Dieu, parmi ces méthodes on parle beaucoup, depuis quelques années, de la *lectio divina*. C'est une manière de laisser résonner la Parole de Dieu que vivent depuis longtemps les communautés monastiques.
Des formations bibliques sont proposées, pour essayer de comprendre avec intelligence ce que les auteurs inspirés ont voulu exprimer, en tenant compte de leur personnalité, du contexte dans lequel ils ont écrit, des personnes auxquelles ils s'adressent, du style de leur écriture. Elles aident à interpréter les textes dans la Tradition de l'Église.
Nous pouvons lire aussi la bible seul, par exemple les textes de la messe du jour, textes lus par des millions de chrétiens dans le monde. Nous pouvons alors les méditer comme Parole de Dieu, éclairée de bien des lectures faites par les Pères de l'Église ou par des auteurs chrétiens contemporains.

Pourquoi raconter la bible ?

La bible a longtemps fait l'objet d'une transmission orale. Elle comporte de nombreux textes narratifs qui peuvent être racontés. Un récit raconté permet d'y entrer plus facilement, l'imagination est sollicitée et les sens se développent, cela permet de s'approprier le récit, de mieux le mémoriser. C'est une façon d'inviter l'auditeur à entrer dans l'histoire, à la goûter, à la faire sienne.
Devenir conteur biblique demande une préparation particulière, une formation est indispensable. Le conteur commence toujours par un travail biblique sur le texte qu'il aura à raconter. Il fera donc appel aux compétences des exégètes et théologiens bibliques. Son appropriation du passage lui permettra d'y être totalement fidèle. Mais cela demande aussi au conteur de risquer sa parole, de s'engager dans son récit. Lorsqu'il est possible de faire appel à un conteur, ne pas hésiter !
Quelques références :
- *Tabga* n° 13, avril-mai 2007
- *Raconter la bible*, SNCC Bayard, coll. « Points de repère », 2007
- Martine Millet, *L'art de conter la bible, une approche pratique*, Empreinte temps présent, 2006
- Marguerite Rosenstiehl, Hélène Zuber, *Raconter la Bible*, coll. « Foi vivante », n° 385, éditions du Cerf, 1997.

Top départ !

11-13 ans

Une rencontre en deux temps pour :

- Rejoindre la communauté chrétienne et vivre une célébration dominicale de rentrée pastorale.
- Vivre la rencontre catéchétique « Top départ ! » avant de commencer l'un des modules.

Cette rencontre peut être vécue soit en grand groupe lors d'un temps fort d'une demi-journée, soit lors de deux rencontres en petites équipes. (La proposition est à adapter en fonction du nombre de jeunes.)

Trois organisations possibles :

- Le dimanche : la célébration du dimanche matin suivie d'un pique-nique avec la communauté chrétienne, puis la rencontre « Top départ ! ».
- Le samedi après-midi : la rencontre « Top départ ! » suivie d'un goûter avec les familles puis la célébration avec la communauté chrétienne le samedi soir.
- L'une des célébrations du week-end et la rencontre « Top départ ! » vécue en équipes dans la semaine qui suit.

Objectifs

- Démarrer l'année et faire connaissance
- Dresser le portrait de Jésus
- Comprendre le rôle de l'Église pour transmettre la foi

Célébration avec la communauté chrétienne

Voici quelques suggestions pour la célébration. Ne choisir que l'une d'entre elles pour ne pas l'alourdir :

- **Pour le temps de l'accueil** : une procession d'entrée avec les jeunes, les catéchistes et les acteurs pastoraux.
- **Pour le temps de la Parole** : remettre la bible aux jeunes et aux catéchistes. (Ce peut être un prêt pour l'année.) Ou après les lectures et l'homélie, donner une feuille à chacun et proposer un temps personnel avec une question autour des textes du jour. Rassembler ces feuilles (on peut leur donner la forme de feuilles et les rassembler en formant un arbre) pour qu'elles puissent être vues et lues par tous à la sortie de la messe.
- **Pour le temps de l'envoi** : une bénédiction solennelle des catéchistes, des équipes et des différents acteurs pastoraux (*cf.* Prières de bénédictions DVD).

Prévoir un temps convivial après la célébration.

Temps de lancement en grand groupe

Matériel

- Une carte de la paroisse ou du doyenné
- Autant de post-it® ou de « pique-drapeau » que de jeunes et de catéchistes

DVD

- Le clip « Je sais que tu veux mon bonheur »

Chants

- Le bonheur d'être ensemble, n° 3
- Amis dans le Seigneur, n° 1
- Je vous salue Marie, n° 5

Déroulement

Le clip « Je sais que tu veux mon bonheur » DVD peut être visionné au début et à la fin du « Top départ ! » pour rassembler les jeunes.

- Accueil des jeunes et des catéchistes par un animateur et lancement du jeu « Tip, Tap » pour faire connaissance.

Règle du jeu

L'objectif de ce jeu est de se souvenir des prénoms de ses voisins.

Les joueurs forment un cercle. Le meneur est au milieu et il interroge au hasard une personne du cercle en lui disant « Tip », « Tap » ou « Tip-Tap ».

S'il dit « Tip », la personne doit prononcer le prénom de son voisin de droite.

S'il dit « Tap », la personne doit prononcer le prénom de son voisin de gauche.

Si le joueur se trompe, il vient au milieu du cercle et devient le meneur.

Quand le meneur dit « Tip-Tap », toutes les personnes changent de place dans le cercle.

Variante : si les jeunes se connaissent on peut complexifier le jeu en disant par exemple :

Tip-Tip : on doit nommer le second voisin de droite,

Tap-Tap : on doit nommer le premier garçon vers la gauche.

• Chaque jeune vient coller un post-it® (ou un « pique-drapeau ») avec son nom sur la carte de la paroisse ou du doyenné.
• Confier cette journée à Marie en chantant « Je vous salue Marie ».
• Envoyer les équipes vers les ateliers : regrouper les jeunes par équipe de catéchèse telles qu'elles seront pendant l'année. On peut regrouper plusieurs équipes dans un atelier. Pendant qu'un groupe vit l'atelier « Qui est Jésus ? », un autre groupe vit l'atelier « En Église », et inversement pour le suivant. Chaque atelier dure environ une heure.
• Le clip « Je sais que tu veux mon bonheur » DVD peut être utilisé en jingle pour passer d'un atelier à un autre.

Atelier : Qui est Jésus ?

Objectif

• Faire connaissance avec Jésus

Matériel

• Des livres sur la vie de Jésus

DVD

- Le matériel pour les enquêtes PDF
- Profil de Jésus PDF
- La vidéo « Qui est le Christ ? »

Déroulement

1er pas

• Constituer des équipes de deux à quatre jeunes. Chaque équipe reçoit une ou deux enquêtes à mener (en fonction du nombre de jeunes) avec les documents correspondants à l'enquête DVD et répond à la question qui lui est posée.
• À la fin de l'enquête, les équipes constitueront le profil de Jésus DVD.

Enquête sur la naissance de Jésus

• Racontez sous la forme souhaitée (panneau, rébus, sketch, quiz, *etc.*) la naissance de Jésus (le contexte historique, le lieu de naissance, nom du père, de la mère, les circonstances de la naissance, le nom des visiteurs lors de la naissance, les cadeaux, *etc.*) à partir des livres dont vous disposez ou des textes Lc 2,1-21, Mt 2,1 et Mt 2,11, la représentation de la Nativité par Filippo Lippi, la carte de la Palestine et le jeu des « Mots-mêlés » DVD.

Enquête sur les amis et les relations de Jésus

• Citez le nom des disciples de Jésus (*cf.* Jeu « Les noms codés des apôtres » DVD).
Pierre, André, Jacques le majeur, Jean, Philippe, Barthélémy, Thomas, Matthieu, Jacques, Jude, Simon, Matthias
• Nommez trois femmes que Jésus connaît (*cf.* Les rébus DVD).
Marthe et Marie, Marie-Madeleine
• Citez le nom de celui qui a aidé Jésus lors de sa Passion.
Simon de Cyrène

Enquête sur le pays et les voyages de Jésus

• Constituez des équipes de trois à cinq joueurs. Faites une pioche avec les étiquettes des lieux suivants : Tibériade, Bethléem, Capharnaüm, Jéricho, le Jourdain, la Galilée, la Judée, la Samarie, Nazareth, Jérusalem DVD.
• Un jeune en tire une et doit la faire deviner aux autres par le jeu du pendu.
• Celui qui a l'étiquette est celui qui écrit et trace le pendu. Les autres proposent des lettres. Lorsqu'une lettre est présente dans le mot, on l'écrit, lorsqu'elle n'y est pas, on trace un élément de la potence puis du pendu.
• Celui qui gagne tire une étiquette et la fait deviner aux autres.
• Lorsque les noms sont découverts, les surligner sur la carte de la Palestine.

Enquête sur les actes de Jésus

- Voici des actions de Jésus DVD. Si vous ne les connaissez pas vous pouvez découvrir le texte dans l'évangile à partir des références.
- Classez-les ensuite dans le tableau DVD pour reconnaître quand Jésus guérit, fait des miracles, prend la défense de quelqu'un, ou prie.

Enquête sur la mort et la résurrection

- Associez les légendes aux images et remettez le chemin de croix dans l'ordre DVD.
- Dessinez la scène manquante et donnez un titre (La résurrection).

2e pas

- Chaque équipe de jeunes présente ses recherches selon les documents et sous la forme choisie.
- Faire ensemble le profil de Jésus DVD.
- Regarder le micro-trottoir « Qui est le Christ ? » DVD. Demander aux jeunes comment ils répondraient eux aussi à cette question.
- Conclure en disant que cette question va guider toute l'année de catéchèse.

Atelier : En Église

Objectifs

- Découvrir l'Église qui transmet la foi
- Retenir le kérygme

Matériel

- 22 feuilles A4 pour écrire chaque siècle depuis le 1er jusqu'au 21e siècle et « Aujourd'hui » DVD
  - Écrire le kérygme PDF sur une feuille A3
  - Les cartes « Témoins » PDF pour la frise

Chant

- Amis dans le Seigneur, n° 1

Déroulement

1er pas

- Le catéchiste lit le kérygme :

« Lui, Jésus Christ, le Chef des vivants, vous l'avez tué ; mais Dieu l'a ressuscité d'entre les morts, nous en sommes témoins. Convertissez-vous donc et revenez à Dieu pour que vos péchés soient effacés. » (Ac 3,15.19)

- Dire que ce petit texte était une annonce faite par les premiers chrétiens aux incroyants : cette annonce est un résumé de la foi chrétienne. C'est le premier *Credo*. Pierre est le premier à proclamer le kérygme. Il a été choisi et envoyé par Jésus pour bâtir l'Église. L'Église est une famille dans laquelle on se transmet cet héritage de personne à personne. Voici quelques témoins, saints ou bienheureux, dont la vie a été bouleversée par la Bonne Nouvelle de Jésus Christ.
- Disposer au sol ou sur un mur les feuilles A4 pour chaque siècle depuis le premier siècle jusqu'à « Aujourd'hui ». Chaque jeune tire une carte « Témoins » DVD et vient se positionner sur la frise, devant le siècle correspondant à son témoin. Le catéchiste remet le kérygme au premier jeune. Le jeune lit alors la phrase de sa carte « Témoins », reste à sa place et remet le kérygme au suivant.

2e pas

- Lorsque tous les jeunes ont pris place sur la frise, les inviter à poser leur carte et à venir se positionner à la suite des témoins sur le repère « Aujourd'hui ». Le catéchiste conclut en disant : « Et vous tous, à la suite du Christ mort et ressuscité, vous êtes appelés à être témoins. » Chaque jeune dit son nom.

Il est possible de rajouter quelques cartes avec des saints de la région, et garder cette frise pendant l'année.

- À la suite des premiers chrétiens nous pouvons à notre tour proclamer le kérygme que l'Église a transmis depuis sa fondation. Le dire ensemble.
- Reprendre le chant « Amis dans le Seigneur ».

Pour finir : en grand groupe

- Se rassembler.
- Apporter le profil de Jésus et les cartes « Témoins » et reconstituer la frise des témoins de la foi.
- Tracer le signe de croix.
- Chanter « Le bonheur d'être ensemble ».
- Envoyer les équipes pour l'année et remettre les livrets jeunes du premier module.
- Proclamer ensemble le kérygme.
- Dire le *Notre Père*.
- Chanter « Amis dans le Seigneur ».
- Tracer le signe de croix.

Itinéraire

Étape 1 : « Cherchez ce qu'il y a de meilleur »

• L'enjeu de cette étape est de percevoir de quel amour Dieu nous aime et quel amour nous sommes appelés à donner

Étape 2 : « Je serai avec toi »

• L'enjeu de cette étape est que les jeunes découvrent que Dieu manifeste son amour en prenant l'initiative de sauver son peuple. Il se révèle à Moïse, il l'appelle et lui confie une mission. Le projet de Dieu a besoin des hommes pour se réaliser

Étape 3 : « Je ne le connais pas »

• L'enjeu de cette étape est de se rappeler que l'amour de Dieu est toujours premier. À partir du récit de Pierre, les jeunes découvriront que le doute fait partie du chemin de foi, mais au cœur de ce doute, Dieu, lui ne cesse d'aimer

Étape 4 : « N'ayez pas peur »

• À la fin de cette étape les jeunes découvriront que Jésus Christ appelle ses disciples à la confiance, et que c'est sur cette attitude que repose la foi

Étape 5 : « Heureux êtes-vous »

• L'enjeu de cette étape est de recevoir les Béatitudes comme un appel au bonheur. Un bonheur qui interroge et bouscule nos idées du bonheur et nous fait percevoir ce qu'est le Royaume de Dieu

Temps fort : « Va en paix »

• Avec ce temps fort les jeunes découvriront que l'amour de Dieu est miséricorde. La préparation à la démarche sacramentelle les aidera à relire leur vie à la lumière de cet amour premier et absolu

Heureux d'aimer

11-13 ans

Visée du module

La visée de ce module est de découvrir que Dieu le premier nous aime et que cet amour est inconditionné. Dieu a un projet pour l'homme : il veut le bonheur de tous, il veut que tout homme puisse le découvrir pour être libéré du mal, du péché et recevoir sa vie. Cependant, nous sommes créés libres d'accueillir et de refuser cet amour (Dt 7,7-13). L'existence est le jeu de cette liberté qui tantôt éloigne l'homme de son Créateur, tantôt le rapproche.
Ce projet de Dieu s'inscrit dans l'histoire des hommes. Avec Jésus Christ est révélé le projet de Dieu pour l'humanité tout entière. De l'élection du peuple d'Israël, aux témoins de la foi d'aujourd'hui, l'histoire des hommes est l'histoire de l'Alliance de Dieu avec son peuple. Son amour reçu et partagé nous fait prendre conscience de notre participation à cette histoire du salut.

« Dieu infiniment parfait et bienheureux en lui-même, dans un dessein de pure bonté, a librement créé l'homme pour le faire participer à sa vie bienheureuse. C'est pourquoi, de tout temps et en tout lieu, il se fait proche de l'homme. Il l'appelle, l'aide à le chercher, à le connaître et à l'aimer de toutes ses forces. Il convoque tous les hommes que le péché a dispersés dans l'unité de sa famille, l'Église. Pour ce faire, il a envoyé son Fils comme Rédempteur et Sauveur lorsque les temps furent accomplis. En lui et par lui, il appelle les hommes à devenir, dans l'Esprit Saint, ses enfants d'adoption, et donc des héritiers de sa vie bienheureuse. »
Catéchisme de l'Église Catholique n° 1

Rencontre entre catéchistes

Objectifs
- Découvrir de quel amour parle Paul dans 1 Co 12,31;13,1-3
- Reconnaître la place du mal et de la souffrance
- Prendre connaissance du déroulement des étapes du module

www.seldevie.fr
Des compléments pour les catéchistes sont disponibles sur le site Internet Sel de Vie

Déroulement

Temps de prière
- Tracer le signe de croix.
- Lire le texte de Paul 1 Co 12,31;13,1-13 (p. 42).
- Laisser un temps de silence et proposer aux personnes qui le souhaitent de dire une phrase du texte de Paul qui guide leur prière.
- Dire ensemble la prière du *Notre Père*.
- Chanter « Amis dans le Seigneur » (livret jeune p. 27 et CD, n° 1).

Temps d'échange en petits groupes
- Partager à partir des questions suivantes :
  - L'amour de Dieu, c'est quoi pour Paul ?
  - Et pour vous ?
- Mettre en commun en exprimant pour chacune des questions une conviction et une interrogation.

L'amour et le mal
- Parler de l'amour c'est aussi parler de son manque, du mal et de la souffrance. (*cf.* p. 64)
- Regarder la vidéo « D'où ? Vers où ? Face à la souffrance » DVD ou bien lire le texte de ces témoignages pp. 39-40.
- Pour chacun de ces témoins, qu'est-ce qui est essentiel ? En quoi ces témoignages rejoignent-ils le texte de Paul ? (*cf.* repères pp. 42-43)

Comment parler de l'amour de Dieu avec les jeunes ?
- Lire la visée du module p. 37 et en découvrir les étapes.

Annexes

Extraits retranscrits des témoignages de sœur Emmanuelle, Jean Vanier, et Père Shoufani. Extrait du DVD « D'où ? Vers où ? » Mediel

« Nous sommes créés libres, mais que fait l'homme de sa liberté, que fait Dieu, s'il existe, de toutes nos souffrances. Notre humanité est tellement blessée, nous choisissons trop souvent de nous construire sans tenir compte des autres et de faire notre vie sans Dieu, ou contre lui, contre nous-mêmes. Pourquoi manquons-nous si souvent cette communion d'amour avec l'autre ? »

Sœur Emmanuelle

« Dieu est la justice qui un jour, mais pas sur la terre, rétablira toutes choses. Mais sur terre il nous laisse libres par conséquent il laisse le monde marcher comme il est.
Dieu ne fait jamais reculer le bras de celui qui d'une balle tue un innocent, comme je l'ai vu à Beyrouth avec la petite Leila. Un tueur à gages, pour gagner je ne sais combien de dollars, tue la petite que nous allions sauver. Moi aussi je me suis révoltée ! Mais je crois en Dieu, enfin j'essaie d'y croire… Tu vois ! »

Jean Vanier

« Ce que Jésus vient nous dire, c'est qu'il nous donne un nouvel Esprit pour que nous puissions regarder le monde et les autres à travers le regard même de Dieu. »

« Avec la question du Mal, il faut se méfier de deux extrêmes :
- premièrement, c'est de le voir partout
- deuxièmement, c'est de ne pas reconnaître qu'il y a quelque chose qui est le mal.

J'aurai le privilège dans quelques jours, d'aller dans une association à Paris, "Aux Captifs la libération". Ce sont des gens qui sont pris dans le monde de la prostitution : un monde où il y a de la haine, des souteneurs, de l'argent. Il faut savoir que dans ce monde-là les mafias peuvent pousser à vendre de la drogue pour tuer des gens. Il faut voir qu'il y a des forces de mort qui existent. Il ne faut pas se cacher les yeux sur la réalité humaine : c'est une réalité dangereuse, difficile, parfois pleine de haine. Il y a des génocides, il n'y a qu'à aller voir à Auschwitz ce qui s'est passé ! Il y a des lieux du mal, alors est-ce que c'est le diable ou pas ? Je ne sais pas ! Tout ce que je sais : c'est que le mal existe.
Et il faut que nous, ensemble, nous soyons assez forts pour être debout, pour résister à toutes ces forces de haine et du mal. C'est pour ça que Jésus est venu, pour faire face à ces forces destructrices ! En face de la haine mettre l'amour, en face du conflit mettre le pardon ! »

« Il y a une philosophie, une théologie et une vision de l'engagement de l'amour qui est très particulière dans l'Évangile. L'Évangile est une anthropologie où le pauvre est au cœur, au centre. Il y a des drames, des typhons, en Asie, le tsunami, il y a des arbres qui tombent sur quelqu'un : mais ça c'est la nature, c'est notre terre !
Il est évident que le plus grand drame, c'est la guerre, l'oppression, l'écart entre les riches et les pauvres c'est ça le grand drame de notre monde.
C'est à nous maintenant de travailler ces questions ; parce que ce drame entre les riches et les pauvres est source des guerres. C'est évident ! Mais c'est une fuite de dire que c'est Dieu ! Le problème est nous, êtres humains. On a besoin de trouver une force, une paix, une communauté ; on a besoin d'être ensemble pour lutter contre toutes ces injustices. »

Père Shoufani

« Parler avec les jeunes, c'est poser les vraies questions : la question de la souffrance et du mal en est une : quand on voit l'horreur de ce qui existe, ces images de la mort d'enfants, des conséquences de la guerre, des conflits, des catastrophes naturelles, leur souffrance, la souffrance de leur famille, la mort d'un frère, d'un père… Toutes ces réalités sont des questions valables ! C'est à partir de là qu'il faut poser les questions de l'existence, de Dieu : il ne faut pas être insensible à ces réalités-là, en disant “oui c'est toujours comme ça, ça a été toujours comme ça !” C'est le lieu du questionnement : c'est ce qui provoque en nous la question essentielle de notre existence et de l'existence de Dieu. »

« On a fait passer dans nos têtes, nos cathédrales, dans nos fresques et nos peintures une image effrayante qui va à l'encontre de tout l'Évangile : la puissance de Dieu. Dieu doit intervenir partout, il est le plus puissant, il doit éviter les malheurs, il doit éviter les maladies, la mort, comme si notre monde et notre réalité étaient une histoire de Walt Disney. Il faut qu'il intervienne avec sa baguette magique tout le temps !
On ne voit pas dans les fresques, comme dans l'Évangile, le Christ ou Dieu qui frappe à la porte, et qui attend le cœur de l'homme pour être avec lui dans sa souffrance : “Je suis venu pour qu'ils aient la vie”. Il ne dit jamais “Je suis venu comme un juge” mais “Je suis venu pour qu'ils aient la vie” ! »

Rencontre avec les parents

Objectifs

- Découvrir l'amour de Dieu à partir du texte de Paul aux Corinthiens
- Échanger autour de l'amour de Dieu
- Parcourir l'itinéraire proposé aux jeunes

Intervenant

- Inviter un prêtre à témoigner du pardon, lui communiquer les questions autour desquelles les parents échangeront

Matériel

- Le livret jeune

DVD

> - La vidéo « D'où ? Vers où ? Face à la souffrance »

Chant

- Plus près de toi, mon Dieu, n° 2

Déroulement

Temps de l'écoute et de l'échange

- Accueillir le témoin et écouter son témoignage. S'il n'est pas possible qu'un prêtre puisse apporter son témoignage, regarder la vidéo « D'où ? Vers où ? Face à la souffrance » DVD.
- En petits groupes, échanger autour des questions suivantes :

> - Quel témoignage vous parle le plus du parfon ?
> - Qu'est-ce qui pour vous témoigne le mieux de l'amour de Dieu ?
> - Pour vous qu'est-ce que l'amour de Dieu ?

Temps de la Parole de Dieu

- Lire le texte de Paul 1 Co 12,31;13,1-13.
- Situer le texte à partir des repères de l'étape 1 « Cherchez ce qu'il y a de meilleur » pp. 42-43, en apportant quelques éléments sur la vie et la conversion de Paul, puis sur l'amour dont parle la lettre aux Corinthiens.
- En petits groupes et en s'aidant du livret jeune p. 8, proposer un temps de partage à partir des questions suivantes :

> - Pour vous quelle phrase parle le mieux de l'amour de Dieu ? Pourquoi ?
> - Que pensez-vous de la manière dont Paul parle de l'amour ?
> - Qu'est-ce qui vous pose question ?

Temps de la prière

- Tracer le signe de croix.
- Chanter « Plus près de toi, mon Dieu », livret jeune p. 27.
- Relire le texte de Paul.
- Dire ensemble la prière de Mère Teresa « Je te donne mon cœur », livret jeune p. 26.
- Reprendre le chant.
- Prier ensemble le *Notre Père*.
- Tracer le signe de croix.

Pour découvrir « Heureux d'aimer »

- À partir du livret jeune, attirer l'attention des parents sur le fonctionnement par rubrique, le rôle de la mascotte. S'aider pour cela des pp. 14-15 prévues à cet effet dans l'introduction.
- Puis, présenter l'itinéraire parcouru avec les jeunes avec les pages « En route ! » ; susciter la réaction des parents à partir des titres des étapes.
- Proposer aux parents de feuilleter régulièrement le livret avec le jeune en s'appuyant sur les pages « Qu'est-ce que tu dis ? » pour susciter un dialogue en famille, « Carnet de visite » pour découvrir un témoin... Attirer l'attention sur la préparation au sacrement du pardon avec les pages « À la loupe ».

Étape 1
« Cherchez ce qu'il y a de meilleur »

Le texte biblique

L'amour ne passera jamais [1 Co 12,31;13,1-13]

12
31 *Frères, parmi les dons de Dieu, vous*
cherchez à obtenir ce qu'il y a de meilleur.
Eh bien, je vais vous indiquer une voie
supérieure à toutes les autres.
13
1 *J'aurais beau parler toutes les langues*
de la terre et du ciel, si je n'ai pas la
charité, s'il me manque l'amour, je
ne suis qu'un cuivre qui résonne, une
cymbale retentissante. 2 *J'aurais beau*
être prophète, avoir toute la science des
mystères et toute la connaissance de
Dieu, et toute la foi jusqu'à transporter
les montagnes, s'il me manque l'amour,
je ne suis rien. 3 *J'aurais beau distribuer*
toute ma fortune aux affamés, j'aurais
beau me faire brûler vif, s'il me manque
l'amour, cela ne me sert à rien.
4 *L'amour prend patience ; l'amour rend*
service ; l'amour ne jalouse pas ; il ne se
vante pas, ne se gonfle pas d'orgueil ; 5 *il*
ne fait rien de malhonnête ; il ne cherche
pas son intérêt ; il ne s'emporte pas ;
il n'entretient pas de rancune ; 6 *il ne*
se réjouit pas de ce qui est mal, mais
il trouve sa joie dans ce qui est vrai ; 7 *il*
supporte tout, il fait confiance en tout,
il espère tout, il endure tout.
8 *L'amour ne passera jamais. Un jour,*
les prophéties disparaîtront, le don des
langues cessera, la connaissance que
nous avons de Dieu disparaîtra. 9 *En*
effet, notre connaissance est partielle,
nos prophéties sont partielles. 10 *Quand*
viendra l'achèvement, ce qui est partiel
disparaîtra. 11 *Quand j'étais un enfant,*
je parlais comme un enfant, je pensais
comme un enfant, je raisonnais comme
un enfant. Maintenant que je suis un
homme, j'ai fait disparaître ce qui
faisait de moi un enfant. 12 *Nous voyons*
actuellement une image obscure dans
un miroir ; ce jour-là, nous verrons face
à face. Actuellement, ma connaissance
est partielle ; ce jour-là, je connaîtrai
vraiment, comme Dieu m'a connu. 13 *Ce*
qui demeure aujourd'hui, c'est la foi,
l'espérance et la charité ; mais la plus
grande des trois, c'est la charité.

Quelques repères pour les catéchistes

Cette étape a pour but de permettre aux jeunes de découvrir ce qu'il y a de meilleur : l'amour de Dieu, l'amour des autres et l'amour de soi-même. Les jeunes seront amenés à découvrir que Dieu nous aime le premier, et que tout amour vient de lui. De ce préalable indispensable, le jeune sera amené à reconnaître qu'il est un être de relation, et qu'au milieu de tous les sentiments qui peuvent l'animer dans ses relations aux autres et à Dieu, l'amour tient la première place et irrigue tous les éléments de sa vie.

Pour lire le texte

Qui est saint Paul ?

Son nom de naissance est Saül. Né à Tarse quelques années après la naissance de Jésus, il est élevé dans la foi juive. Après des études à Jérusalem auprès de Gamaliel, un rabbin très écouté, il devient rabbin lui-même, spécialiste des Écritures. Il s'est particulièrement attaché à travailler la Loi de Moïse et les textes qui annoncent la venue d'un Messie. Au nom de son amour de Dieu et de la Loi, il n'accepte pas que des juifs comme lui choisissent de suivre le chemin tracé par Jésus, mort sur une croix, et que des témoins disent avoir vu vivant trois jours après. Saül poursuit les disciples de Jésus et les persécute implacablement.

Un jour qu'il se rend à Damas, il vit une expérience qui va totalement changer sa vie. Jésus ressuscité lui apparaît et lui dit : « Je suis Jésus que tu

persécutes ». Dès lors, Saül va devenir l'un de ses plus grands disciples. Il comprend que Jésus n'est pas venu pour abolir la Loi, mais pour créer dans chaque homme qui l'accueille un cœur nouveau capable de vivre la Loi par amour.

Il va changer de nom pour s'appeler désormais Paul, qui signifie « le plus petit ». Paul rejoint les apôtres et commence à voyager pour répandre la Bonne Nouvelle dans tous les pays du bassin méditerranéen. Lorsqu'il arrive dans les villes, il fonde de petites communautés chrétiennes, et poursuit sa route. Pour entretenir la foi naissante des premiers chrétiens et les encourager, il leur écrit des lettres dans lesquelles il explique ce qu'est la foi chrétienne et comment se comporter pour être fidèle au Christ.

Dans l'une des lettres qu'il écrit aux chrétiens de Corinthe, Paul leur dit qu'il n'y a rien de plus beau et de plus important que l'amour. Dieu est Amour, Jésus nous a dit de nous aimer les uns les autres comme il nous aime, et Paul nous explique que sans amour, nous ne pouvons rien faire de bien.

Saint Paul, le converti du chemin de Damas, est passé de l'amour de la Loi à la loi de l'Amour. Il mourra décapité à Rome, en 64, peu après l'incendie de la ville qui servit de prétexte à Néron pour se débarrasser des chrétiens. Nous connaissons bien sa vie grâce au récit des Actes des Apôtres, écrits par Luc, et à ses lettres.

Quelques points de lecture

Ce texte est comme une prière dont le personnage principal est l'amour, c'est-à-dire Dieu !

Si Dieu est au cœur de nos relations humaines, alors nous nous aimons les uns les autres comme Jésus nous a aimés. Tout ce qu'il a fait, c'est par amour pour nous. Si nous voulons le suivre, nous sommes invités à aimer comme lui, au quotidien, dans nos relations humaines, dans nos familles, dans nos groupes d'amis, dans nos activités sportives...

Le texte est construit en deux parties : dans la première, saint Paul nous dit qu'il n'y a rien de plus beau que l'amour, et qu'en aimant comme Dieu nous aime, nous vivrons ce qu'il y a de meilleur pour nous.

Dans la deuxième partie, Paul nous explique que nous avons en ce moment une idée imparfaite de ce qu'est l'amour, mais lorsque nous verrons Dieu face à face, nous comprendrons tout !

Comment en parler avec les jeunes ?

Un peu de théologie...

Il est déjà difficile de parler de l'amour humain... alors, comment parler de l'Amour divin ?

Distinguons une apparente ambiguïté dans l'expression. S'agit-il de l'amour de Dieu (« J'aime Dieu ») ou de l'Amour de Dieu (« Dieu m'aime ») ? Faire cette distinction (a – minuscule / A – majuscule) permet déjà de parler avec les jeunes de la différence entre le fait d'aimer et celui d'être aimé. Je peux aimer sans être aimé ; je peux être aimé sans aimer... Et toutes les variations de l'amour sont possibles !

L'amour dont Dieu nous aime est absolu et parfait. Nul d'entre nous ne peut aimer comme il aime. Et pourtant notre amour humain doit tendre vers cette perfection. Même si notre manière d'aimer est marquée par le péché originel (Gn 3), l'homme est créé à l'image de Dieu (Gn 1) ; à l'image de Dieu il peut espérer aimer. La vie spirituelle vient accompagner les sentiments humains pour ancrer toute relation en l'amour de Dieu, et conduire le chrétien à s'approcher du mystère même de Dieu.

Car l'amour de Dieu est un mystère que nous pouvons difficilement concevoir, mais que Jésus Christ, en vivant avec son Père une relation unique, nous révèle. La relation du Père et du Fils « dans l'unité de l'Esprit Saint » est l'amour. « Dieu est amour » (1 Jn 4,8-16) : cette conclusion de l'épitre de saint Jean relie la charité et la foi : c'est parce que le Père nous aime que nous pouvons aimer et c'est en aimant comme le Père nous aime que nous serons sauvés.

Nous comparons souvent l'amour de Dieu à celui d'un papa pour son enfant. Cette image à toutes les limites d'une comparaison. Elle est théologiquement vraie : Jésus Christ nous invite à prier en disant « Notre Père ». Mais elle se heurte à des réalités humaines parfois difficiles. Elle doit donc être amenée avec délicatesse et respect des situations familiales contradictoires que les jeunes rencontrent.

Étape 1
« Cherchez ce qu'il y a de meilleur »

On voit bien qu'il est difficile de parler de l'Amour de Dieu par analogie avec l'amour humain. Certes, nous parlons à partir de ce que nous connaissons et vivons, mais il nous faut faire un tout petit peu d'abstraction et dire combien l'amour humain doit tendre vers l'amour divin dont parle saint Paul dans l'épitre aux Corinthiens !

Alors que dire ?

L'Amour de Dieu, c'est le don total, sans rien garder pour soi, comme un artiste qui produit un tableau magnifique, et qui le donne à un passant dans la rue, uniquement pour lui faire plaisir. Dieu a donné son Fils Jésus aux hommes, parce qu'il nous aime tellement qu'il nous donne le meilleur de lui-même !

L'amour de Dieu n'a ni début ni fin, il est le Cœur même de Dieu, et son Cœur bat pour l'homme qu'il a créé et qu'il veut heureux.

Si l'amour entre des époux, entre parents et enfants, entre amis... existe, si cet amour est à ce point indispensable pour vivre, nous pouvons reconnaître qu'il nous dépasse, et que ce n'est pas l'homme qui a créé ce sentiment ! Il vient de plus haut, de plus grand... il vient de Dieu !

La vocation de l'amour humain est de devenir un amour qui se donne en totalité, à l'image de Dieu qui est don total. Au jour du mariage, chaque époux dit à l'autre : « Je me donne à toi, pour t'aimer fidèlement tout au long de notre vie ». Le sacrement du mariage est un appel à vivre cet amour humain à l'image de l'amour de Dieu : « Il n'y a pas de plus grand amour que de donner sa vie pour ses amis » (Jn 15,13).

Dieu n'est qu'Amour ! S'il n'est pas Amour, il n'est pas Dieu !

L'Amour de Dieu, c'est l'Esprit Saint qui fait à toute personne le cadeau de la vie de Dieu en elle. L'Esprit Saint nous apprend à aimer gratuitement. On n'aime pas pour attendre quelque chose en retour : on aime tout simplement, parce que sans amour, la vie n'a pas de sens.

Le chapitre 13 de la première lettre de Paul aux Corinthiens donne une « définition » humaine de l'Amour de Dieu. On peut s'y référer, et le petit exercice (à faire prudemment) qui consiste à remplacer le mot « amour » par le prénom du jeune, permet de vérifier que si l'on peut être tantôt patient, tantôt honnête... on ne l'est pas en permanence, ni simultanément ! Dieu, si !

On peut dire qu'en essayant d'aimer le mieux possible tous les jours de notre vie, nous sommes en stage d'amour ! Nous ne pouvons ici-bas qu'aimer imparfaitement, mais lorsque nous serons dans la gloire de Dieu, après notre passage sur cette terre, nous aimerons dans la plénitude, comme Dieu nous aime.

Nous apprenons ici et maintenant à aimer et à être aimés... pour le vivre pleinement avec Dieu quand nous retrouverons tous ceux qui nous ont précédés dans le « Royaume où l'Amour est le Roi » !

Enjeu de l'étape 1 « Cherchez ce qu'il y a de meilleur »

L'enjeu de cette étape est de percevoir de quel amour Dieu nous aime et quel amour nous sommes appelés à donner

Objectifs

- Découvrir que l'Amour de Dieu est premier
- Découvrir que je suis en relation avec les autres

Matériel

- Une bible
- Le livret jeune
- Plusieurs magazines d'actualité`

DVD
- La vidéo « Heureux d'aimer »

Chant

- Amis dans le Seigneur, n° 1

Déroulement

- Visionner la vidéo « Heureux d'aimer » DVD en début de module. Inviter les jeunes à réagir à partir des questions suivantes :
  - Quelle image retenez-vous ?
  - Qu'est-ce qui vous a marqué dans cette vidéo ?
  - Quel message transmet-elle ?

1er pas

- Introduire : « Pour nous aider à chercher ensemble ce qu'est l'amour de Dieu et comment le vivre, nous allons ouvrir une lettre de Paul. Elle est adressée à la jeune communauté chrétienne de Corinthe pour l'encourager à vivre à la manière de Jésus. »
- Proclamer le texte de Paul 1 Co 12,31 à 13,3 dans la bible.
- Donner les références du texte 1 Co 12,31 à 13,3 et le chercher dans la bible.
- Découvrir le texte dans le livret jeune p. 8.
- Découper le texte en trois parties :
  - 12,31 et 13,1.
  - 12,31 et 13,2.
  - 12,31 et 13,3.

puis répartir les versets entre les jeunes, par binôme avec les questions suivantes (sans que les autres sachent quels versets ils ont reçu) :
  - Qu'est-ce que ces versets signifient ?
  - Qu'en pensez-vous ?

(les jeunes peuvent s'aider de leur livret en lisant les définitions des mots difficiles).
- Imaginer un mime ou une saynète pour présenter ce verset aux autres.
- Mettre en commun : chaque binôme présente son mime, les autres essaient de trouver de quel verset il s'agit. Puis le binôme fait part de ses découvertes aux autres.

Veillez à accueillir toutes les réponses sans privilégier une interprétation. Ce premier pas est une première approche du texte de Paul. L'objectif de cette démarche est de susciter la curiosité et le questionnement.

- Rechercher ensemble quelle est l'expression ou la phrase la plus importante du texte. Pourquoi ?
- Lire ensemble l'encadré « L'amour ne passera jamais ».

Pour nourrir l'échange, le catéchiste lira avant la rencontre les repères sur le texte de Paul pp. 42-44.

2e pas

Paul ne cesse de dire que l'amour est premier. Mais ça veut dire quoi aimer ? Ça sert à quoi d'aimer ?
- Faire un brainstorming à partir du mot « aimer ». Écrire les mots trouvés au fur et à mesure.
- Proposer de découper dans les magazines apportés des photos, articles ou mots qui sont en lien avec les mots trouvés par l'équipe.
- Les coller sur une grande feuille.
- Faire remarquer qu'aimer c'est toujours être en relation avec quelqu'un. Mais quelle relation ? Alors, avec qui sommes-nous en relation ? Pour continuer à découvrir la place de l'amour dans notre vie, proposer de prendre le livret jeune p. 28 « Ma carte de relation » et de la remplir individuellement.
- Le catéchiste demande aux jeunes quels sont les liens entre toutes ces personnes, et entre ces personnes et eux ?

3e pas

- Le catéchiste propose de continuer à découvrir ce que Paul dit de l'amour en proclamant la suite du texte 1 Co 13,4-7.
- Donner des exemples de personnes qui prennent patience, qui rendent service..., qui trouvent leur joie dans ce qui est vrai.
- Est-ce que moi aussi je me comporte de cette manière-là dans ma vie ? Qu'est-ce que ça produit alors en moi ?

Étape 1
« Cherchez ce qu'il y a de meilleur »

- Quels sont les liens entre l'échange que nous venons d'avoir et cette partie du texte de saint Paul ?

Le catéchiste aidera les jeunes à réaliser que lorsque Paul parle ainsi de l'amour, il parle de Dieu lui-même. Dieu est ainsi : il est amour. Il aime de cette manière-là. Le texte de Paul est une invitation à aimer comme Dieu nous aime.

- Observer la mascotte pp. 8-9 « En route ! » et donner l'avis de Gabriel.

L'avis de Gabriel : Dieu m'aime depuis toujours ! Dieu a un grand projet pour l'homme : le sauver. Être sauvé, c'est croire que Dieu nous aime depuis toujours et pour toujours. Nous sommes en stage d'amour sur la terre. Même si notre amour ne sera jamais aussi grand que celui de Dieu, nous apprenons à aimer comme Dieu nous aime et Jésus nous aide à mieux aimer. À nous de reconnaître les moments où l'on s'en écarte, c'est le péché, et les moments où l'on s'en rapproche ! Pour éclairer : être sauvé dans le vocabulaire courant, c'est être tiré d'une situation difficile voire mortelle (par exemple, un pompier sauve quelqu'un de la mort). Être sauvé pour Dieu, c'est être sauvé du mal, de la mort définitive pour aller vers la vie éternelle.

4e pas

- Proposer un temps personnel en prenant le livret jeune p. 22, première étape de « Ta boussole ».

Pour ce temps personnel et la prière, il est souhaitable, si vous en avez la possibilité, de changer de lieu en allant à l'oratoire ou dans un autre espace réservé à la prière dans la pièce. Si vous êtes obligés de rester au même endroit, signifiez clairement que l'on rentre dans le temps de la prière. Ne garder que le livret jeune et un crayon, la bible ouverte à la page de Paul, une icône ou une bougie allumée, le panneau réalisé à partir des magazines.

Ceci est valable pour toutes les rencontres.

- Inviter les jeunes à faire silence avant de répondre à la question du livret. Pour les aider à faire silence, vous pouvez les guider paisiblement :

» Le chemin du silence

- Se mettre à l'aise et se détendre, s'installer dans une bonne position.
- Respirer tranquillement et longtemps.
- Écouter les bruits qui vous entourent, pour les oublier : c'est le silence extérieur !
- Puis fermer les yeux ; prendre conscience de tout ce qui vous passe par l'esprit.
- Penser à une image qui vous fait plaisir et fixer toute votre attention sur elle... Puis la laisser s'en aller pour arriver jusqu'au silence intérieur.
- Sans sortir de cet état de silence, le catéchiste lit dans le livret jeune la phrase de Paul « L'amour prend patience, l'amour rend service, l'amour ne jalouse pas, il ne se vante pas, ne se gonfle pas d'orgueil ». Après un temps de silence, lire la question : « Si l'amour permet tout ça qu'es-tu prêt à faire par amour ou par amitié pour quelqu'un ? » Là encore après un temps de silence, proposer aux jeunes d'écrire leur réponse dans l'espace prévu dans leur livret.

- Fermer le livret, se lever tranquillement pour tracer le signe de croix et proclamer la fin du texte 1 Co 13,8-13.
- Chanter « Amis dans le Seigneur », couplets 1 à 3 livret jeune p. 27.
- Dire ensemble le *Notre Père*, puis chanter les derniers couplets.

Inviter les jeunes à prier en reprenant chaque jour un verset différent du texte de Paul.

Étape 2
« Je serai avec toi »

Le texte biblique

Le buisson ardent **Ex 3,1-22**
1 Moïse gardait le troupeau de son
beau-père Jéthro, prêtre de Madiane.
Il mena le troupeau au-delà du désert
et parvint à l'Horeb, la montagne de
Dieu. 2 L'ange du Seigneur lui apparut au
milieu d'un feu qui sortait d'un buisson.
Moïse regarda : le buisson brûlait sans
se consumer. 3 Moïse se dit alors :
« Je vais faire un détour pour voir
cette chose extraordinaire : pourquoi
le buisson ne brûle-t-il pas ? »
4 Le Seigneur vit qu'il avait fait un détour
pour venir regarder, et Dieu l'appela du
milieu du buisson : « Moïse ! Moïse ! »
Il dit : « Me voici ! » 5 Dieu dit alors :
« N'approche pas d'ici ! Retire tes
sandales, car le lieu que foulent tes
pieds est une terre sainte ! 6 Je suis le
Dieu de ton père, Dieu d'Abraham, Dieu
d'Isaac, Dieu de Jacob. » Moïse se voila
le visage car il craignait de porter son
regard sur Dieu.

7 Le Seigneur dit à Moïse : « J'ai vu,
oui, j'ai vu la misère de mon peuple qui
est en Égypte, et j'ai entendu ses cris
sous les coups des chefs de corvée.
Oui, je connais ses souffrances. 8 Je suis
descendu pour le délivrer de la main des
Égyptiens et le faire monter de ce pays
vers un bon et vaste pays, vers un pays
ruisselant de lait et de miel, vers le lieu
du Cananéen, du Hittite, de l'Amorite, de
Perizzite, du Hivvite et du Jébusite. 9 La
clameur des fils d'Israël est parvenue
jusqu'à moi, et j'ai vu l'oppression que
leur font subir les Égyptiens.
10 Et maintenant, va ! Je t'envoie chez
Pharaon : tu feras sortir d'Égypte mon
peuple, les fils d'Israël. »
11 Moïse dit à Dieu : « Qui suis-je pour
aller trouver Pharaon, et pour faire
sortir d'Égypte les fils d'Israël ? » 12 Dieu
lui répondit : « Je suis avec toi. Et voici
à quel signe on reconnaîtra que c'est
moi qui t'ai envoyé : quand tu auras fait
sortir d'Égypte mon peuple, vous rendrez
un culte à Dieu sur cette montagne. »
13 Moïse répondit : « J'irai donc trouver
les fils d'Israël, et je leur dirai : "Le Dieu
de vos pères m'a envoyé vers vous." Ils
vont me demander quel est son nom ;
que leur répondrai-je ? »
14 Dieu dit à Moïse : « Je suis celui qui
suis. Tu parleras ainsi aux fils d'Israël :
"Celui qui m'a envoyé vers vous, c'est :
JE-SUIS." » 15 Dieu dit encore à Moïse :
« Tu parleras ainsi aux fils d'Israël :
"Celui qui m'a envoyé vers vous, c'est
YAHVÉ, c'est LE SEIGNEUR, le Dieu
de vos pères, Dieu d'Abraham, Dieu
d'Isaac, Dieu de Jacob." C'est là mon
nom pour toujours, c'est le mémorial
par lequel vous me célébrerez, d'âge
en âge. 16 Va, rassemble les anciens
d'Israël. Tu leur diras : "Le Seigneur, le
Dieu de vos pères, le Dieu d'Abraham,
d'Isaac et de Jacob, m'est apparu. Il
m'a dit : J'ai décidé de m'occuper de
vous et de ce qu'on vous fait subir en
Égypte ; 17 j'ai dit : Je vous ferai monter
de l'Égypte qui vous opprime vers le
pays de Canaan, la terre qui ruisselle de
lait et de miel." 18 Ils écouteront ta voix ;
alors tu iras, avec les anciens d'Israël,
auprès du roi d'Égypte, et vous lui direz :
"Le Seigneur, le Dieu des Hébreux, est
venu nous trouver. Et maintenant, laisse-
nous aller dans le désert, à trois jours
de marche, pour y offrir un sacrifice au
Seigneur notre Dieu." 19 Or, je sais que le
roi d'Égypte ne vous laissera pas partir
s'il n'y est pas forcé. 20 Aussi j'étendrai
la main, je frapperai l'Égypte par toutes
sortes de prodiges que j'accomplirai au
milieu d'elle. Après cela, Pharaon vous
permettra de partir. "
21 J'accorderai à ce peuple la faveur
des égyptiens ; et alors, quand vous
partirez, vous n'aurez pas les mains
vides : 22 chaque femme demandera à

sa voisine et à l'hôtesse de sa maison des objets d'argent, des objets d'or et des manteaux ; vous les mettrez sur vos fils et sur vos filles. Ainsi vous dépouillerez les égyptiens. »
(Versets 8,21 et 22 : traduction TOB)

Quelques repères pour les catéchistes

Pour lire le texte

Le livre de l'Exode se situe dans ce qu'on appelle le Pentateuque. Ce mot est formé de deux mots : *penta* (= 5) : les cinq premiers livres de la bible et *teuchos* (= étui dans lequel on met le rouleau. Les livres à l'époque sont des rouleaux ! Un parchemin que l'on déroule).
Le nom du livre « Exode » nous dit déjà quelque chose du sens des récits : le mot « exode » signifie « une route pour aller dehors. » Il s'agit là de quitter l'esclavage pour retrouver la liberté, la terre promise aux ancêtres. Moïse guide la marche, lui-même guidé par plus grand que lui : Dieu.
Cet extrait du livre de l'Exode s'appelle le récit du buisson ardent. La marche de Moïse avec son troupeau le conduit à la « montagne de Dieu », « l'Horeb » appelé aussi le « Sinaï ».
Dans ce lieu, le regard de Moïse est attiré par quelque chose d'inhabituel : un buisson est en feu, mais le feu ne le détruit pas. Moïse s'approche. Voyant Moïse faire ce détour, Dieu parle alors avec lui. Moïse est appelé par le Seigneur et envoyé en mission.

Pourquoi Dieu se révèle à Moïse dans un buisson du désert ?

Cet arbuste a la réputation d'être laid et surtout remplis d'épines très longues (plus de 5 cm) : il est dangereux d'y mettre sa main au risque de se déchirer la peau. On dit que la couronne d'épine du Christ a été réalisée à partir de ces branches. Les chrétiens voient dans le buisson ardent une annonce de la Passion du Christ. Et il en est de même pour le signe du feu qui laisse intact le buisson. Il peut être interprété comme une annonce de la résurrection. Un commentaire juif (*midrash*) propose une interprétation très proche : si Dieu s'est révélé à Moïse dans un buisson du désert, c'est afin de montrer qu'il s'associe à la souffrance du peuple en esclavage en Égypte (*Mekhilta* de *Shimon ben Yohaï* sur Ex 3,1) :
« Moïse paissait son troupeau... » (Ex 3,1) L'ange du Seigneur lui apparut. Rabbi Shimon ben Yohaï demande : « Pourquoi le Saint, Béni soit-Il, lorsqu'il se révéla du haut des cieux, parla-t-il avec Moïse au sein du buisson ? » De même que ce buisson est le plus dur de tous les arbustes du monde, en sorte que tout oiseau qui y entre ne peut en sortir sain et sauf sans se déchirer les ailes, de même l'esclavage d'Israël en Égypte était plus dur que tous les esclavages du monde. Et jamais un esclave ou une servante n'est jamais sorti libre d'Égypte sinon Hagar seulement, comme il est dit : Gn 12,2.
Rabbi Eliézer demande : « Pourquoi le Saint, Béni soit-Il, lorsqu'il se révéla du haut des cieux, lui parla-t-il du sein du buisson ? » De même que ce buisson était le plus humble de tous les arbustes du monde, de même les Israélites étaient descendus au degré le plus bas et le Saint, béni soit-Il, descendit avec eux pour les sauver, comme il est dit : Je suis descendu le sauver de la main des Égyptiens (Ex 3,8). (*Sup. Cahier Évangile* n° 82, *Le Midrash*, p. 68)

Dieu s'est abaissé jusque dans les épines du buisson pour aller chercher son peuple là où il est tombé.
On peut voir un écho de cet « abaissement » de Dieu dans le Nouveau Testament dans l'affirmation de l'incarnation du Fils de Dieu, les souffrances de sa passion et sa mort sur la croix (Ph 2,6-11 et He 1-5).

Les personnages

Moïse : fils d'Hébreux, de la tribu de Lévi, une des douze tribus d'Israël qui est partie vers l'Égypte au 14e siècle avant Jésus Christ.
Son père s'appelle Amram et sa mère Yokèbed,

son frère Aaron et sa sœur Myriam. Peu avant sa naissance, le pharaon d'Égypte a ordonné la persécution des Hébreux et la mise à mort de tous les nouveau-nés de sexe masculin. Pour sauver son fils, sa mère Yokèbed le place dans une corbeille et le dépose dans les roseaux sur les bords du Nil. L'enfant est recueilli par la fille du pharaon qui l'élève comme un prince. Le nom qu'elle lui donne : « Moïse » signifie « tiré des eaux ».

Devenu adulte, Moïse découvre ses origines et la misère du peuple hébreu, son peuple, lors de la visite d'un chantier. Sa révolte le pousse à tuer un Égyptien en train de persécuter l'un des siens. Après cela, Moïse fuit l'Égypte et part vers le pays de Madian.

Dans ce désert de Madian, Moïse rencontre Jéthro. Il épousera l'une de ses filles : Cippora. Un jour, alors que Moïse se rend à la montagne de Dieu pour faire paître son troupeau, l'ange de Dieu lui apparaît dans une flamme au milieu du buisson. Ce buisson brûle sans se consumer, Moïse veut alors aller voir ce qui se passe. De là, le Seigneur lui parle : « Moïse, Moïse... J'ai vu la misère de mon peuple... Va, je t'envoie auprès de pharaon, fais sortir mon peuple... » Dieu lui révèle également son nom : « Je suis le Dieu de ton père, Abraham, Dieu d'Isaac et Dieu de Jacob... Je suis Celui qui suis », parole quelque peu énigmatique.

Le texte Exode 3 fait part de cet événement.

L'ange du Seigneur et le Seigneur : Au verset 2, l'expression utilisée est « l'ange du Seigneur » et à partir du verset 4 « le Seigneur ».

Une note de la TOB précise : « dans ces textes anciens, l'expression *ange* (ou envoyé) du Seigneur signifie : le Seigneur en tant qu'il se manifeste. » Souvent dans l'Ancien Testament lorsque Dieu intervient, les auteurs le font intervenir par une sorte d'intermédiaire « l'ange du Seigneur ». C'est un moyen de préserver la transcendance de Dieu qui n'est pas représentable comme les idoles et que l'on ne fait pas intervenir directement. Moïse est l'un des plus grands personnages de l'Ancien Testament, celui qui a donné la Loi, notamment parce qu'il fait partie des rares personnages de la Bible à rencontrer Dieu presqu'en « face à face » ! Sans intermédiaire ! Ex 33,11 : « *YHWH parlait à Moïse face à face, comme on se parle d'homme à homme.* »

YAHWEH : Dieu donne lui-même son nom à Moïse : Yahvé, le Seigneur. Pour montrer leur grand respect de Dieu, les Hébreux ont pris l'habitude de ne jamais prononcer le nom de Dieu. Quand les Hébreux écrivent, ils n'utilisent que des consonnes. Le Nom de Dieu révélé à Moïse est constitué de quatre consonnes : YHWH. En hébreu, ils disaient Adonaï, ce qui veut dire « Le Seigneur » ou « Mon Seigneur ». Les catholiques sont aussi invités lorsqu'ils lisent la bible à ne pas dire Yahweh mais « Le Seigneur ».

JE SUIS ou « je suis qui je serai » : par ce nom énigmatique Dieu signifie à Moïse qu'il apprendra à le connaître dans la relation concrète que Dieu aura avec lui dans son histoire et non pas comme une idée abstraite : ce que je suis, tu le découvriras dans ce que je serai et ferai avec toi. C'est par l'histoire du salut des hommes que Dieu manifestera peu à peu qui il est.

Madiane : désigne des tribus nomades, vivant à l'est et au sud de la Palestine. Moïse va y retrouver les modes de vie des patriarches, ses ancêtres (nomadisme et soin des troupeaux), ainsi que leurs traditions. Ainsi, il comprend lorsque Dieu parle du « Dieu de ton père, Dieu d'Abraham ».

Comment en parler avec les jeunes ?

L'Alliance est au cœur de cette étape. Dieu se révèle à Moïse au buisson ardent, lui donne son Nom et l'envoie en mission. Dieu fait alliance avec son peuple. Il se révèle comme le Dieu unique. Cette révélation est primordiale.

Tout au long de la bible, Dieu se révèle progressivement jusqu'à se donner lui-même en Jésus Christ.

L'homme va apprendre à mieux le connaître et à l'aimer.

À l'époque de Moïse, différents peuples habitent autour du bassin méditerranéen. Ces peuples ont des croyances et des divinités, ils se fabriquent des dieux, des idoles. Le peuple hébreu ne s'est pas créé un nouveau dieu, mais c'est Dieu qui

Étape 2
« Je serai avec toi »

s'est révélé à lui.
Le Dieu d'Abraham, d'Isaac et de Jacob forme progressivement Israël comme son peuple en le sauvant de l'esclavage des Égyptiens. Il conclut l'Alliance du Sinaï et par Moïse lui donne la Loi pour qu'il le reconnaisse et le serve comme le seul Dieu vivant et vrai.
Dieu est fidèle, le peuple s'éloignera parfois de Dieu, (il y aura des ruptures d'alliance – étape 3) mais lui, chaque fois renouvellera son alliance.

Faire alliance peut avoir différentes résonances chez des jeunes de 11-13 ans. Fidélité et rupture ne sont pas étrangères à leur vie : l'amitié fidèle ou trahie, être exclu d'un groupe d'amis ou au contraire être reconnu comme bon camarade. Des situations familiales sont parfois chaotiques, mais ils connaissent aussi des grands-parents qui célèbrent leurs noces d'argent ou d'or.

À cet âge, les jeunes commencent à se questionner sur leur foi et la place de Dieu dans leur vie. Cette étape les aidera à découvrir que c'est Dieu qui vient en premier à leur rencontre. Le témoignage de Mère Teresa aide à mieux comprendre la fidélité de Dieu dans une vie. Dieu nous propose son amour et nous sommes invités à y répondre librement.

Enjeu de l'étape 2 « Je serai avec toi »

L'enjeu de cette étape est que les jeunes découvrent que Dieu manifeste son amour en prenant l'initiative de sauver son peuple. Il se révèle à Moïse, il l'appelle et lui confie une mission. Le projet de Dieu a besoin des hommes pour se réaliser

Objectifs

- Découvrir que Dieu fait alliance avec son peuple
- Découvrir que Dieu fait alliance avec moi

Cette étape peut être vécue :
- soit lors d'une soirée ou d'une demi-journée intergénérationnelle (il faudra alors soigner le cadre et la mise en forme du déroulement),
- soit comme une étape de catéchèse ordinaire.

Matériel

- Une bible
- Le livret jeune
- La frise « Parole de Dieu à travers les âges », Éditions CRER
- Une grande feuille ou un tableau
- Préparer sur plusieurs feuilles, la partie du texte de l'Exode 3 à dire pour chaque groupe (ou chaque jeune)

Chant

- Amis dans le Seigneur, n° 1

Déroulement

1er pas

- Se souvenir ensemble de l'étape précédente en s'aidant de la p. 30 du livret jeune.
- Dire que toute la bible est l'histoire des hommes qui cherchent Dieu et de Dieu qui aime et cherche son peuple : voici aujourd'hui une de ses rencontres. Une rencontre qui reste comme un guide pour nous aujourd'hui encore.
- Raconter le texte de l'Exode p. 10 du livret jeune.

Ce premier pas est capital. C'est lui qui va permettre de réaliser que ce récit est l'une des premières étapes de l'alliance entre Dieu et les hommes et les femmes. Ne vous contentez pas de lire ce récit. Prenez le temps auparavant de le comprendre et de l'aimer, d'avoir envie de raconter cette première rencontre entre le Seigneur et Moïse comme une rencontre d'amour. Soignez le ton et l'expression ; ouvrez la bible ; avant de commencer le récit dites qu'il est dans le livre de l'Exode au chapitre 3. Montrez-le dans la bible. Si vous en avez la possibilité, enlevez les tables, tamisez la lumière, racontez debout.

2e pas

- De mémoire, demander aux jeunes de reconstituer le récit en s'aidant des questions suivantes (les écrire sur un tableau ainsi que leurs réponses) :
  - Où cela se passe-t-il et quand (on peut situer l'épisode sur la frise) ?
  - Qui sont les personnages ?
  - Que font les personnages ?
  - Que fait et que dit Moïse ?
  - Que fait et que dit le Seigneur ?
  - Quels sont les autres personnages évoqués dans le texte et que font-ils ?

3e pas

- Vérifier avec la BD pp. 10-11 du livret jeune. Lire la BD à plusieurs. Chercher le texte dans la bible.

4e pas

- Mise en scène du récit (si l'on a du temps, on peut réaliser un décor en s'inspirant de la BD livret jeune pp. 10-11, et de la créativité des jeunes !).

Répartir les jeunes en trois lieux différents, laisser du temps à chaque groupe pour bien comprendre, intégrer et intérioriser ce qu'ils vont faire et dire :
  - Au centre, Moïse et Dieu au buisson : ce groupe dira les versets 1 à 6 du texte (*cf.* livre du catéchiste p. 47) c'est-à-dire les trois premières vignettes de la BD livret jeune pp. 10-11.
  - À gauche, ce qui s'est passé : ce groupe dira les versets 7 à 9, c'est-à-dire la quatrième vignette de la BD.
  - À droite, la promesse : ce groupe dira les versets 10 à 22, c'est-à-dire les vignettes suivantes de la BD livret jeune (répartir le texte pour que chaque jeune lise au moins une promesse).
- Inventer quelques gestes simples pour chaque groupe.
- À partir du verset 16 ou des quatre dernières vignettes de la BD, les trois groupes se tournent dans la même direction, vers la droite et en marche pour signifier l'avenir de la promesse.

5e pas

- Demander aux jeunes de chaque groupe :
  - ce qu'ils ont ressenti en jouant cette scène,
  - ce qu'ils ont découvert de Dieu à travers ce récit.
- Continuer à découvrir le texte de l'Exode en réfléchissant aux questions suivantes :
  - À quoi Moïse est-il appelé ?
  - Que promet Dieu ?
  - Pourquoi Dieu fait-il alliance avec le peuple d'Israël ?
  - Qu'est-ce qui permet de dire que Dieu aime son peuple ?
- S'aider des repères sur le texte de l'Exode pp. 48-50 pour faire avancer la réflexion.
- Nommer des témoins ou des saints qui, comme Moïse, ont répondu à l'appel de Dieu et se sont tournés vers les autres.
- On peut s'aider des pp. 24 à 26 du livret jeune « Carnet de visite » et découvrir la vie et l'action de Mère Teresa de Calcutta.
  - À quoi est-elle appellée par Dieu ?
  - Comment a-t-elle répondu à l'appel de Dieu ?
  - Qu'est-ce qui vous étonne dans sa vie ?
  - Qui est Dieu pour elle ?
- Observer la mascotte p. 10 « En route ! » et donner l'avis de Gabriel.

L'avis de Gabriel : Dieu est toujours avec moi ! Dieu a un grand projet pour l'homme :

le sauver. Être sauvé, c'est croire que Dieu est toujours fidèle et qu'il nous accompagne tous les jours de notre vie. Des témoins comme Mère Teresa nous aident à découvrir que c'est possible d'avoir Dieu comme compagnon de route. Dieu nous aide à être proche des autres et à les aimer.

6e pas

- Proposer un temps personnel en prenant le livret à la p. 23, deuxième étape de « Ta boussole », en suivant le même « chemin du silence » qu'au quatrième pas de la première étape p. 46.
- Sans sortir de cet état de silence, le catéchiste lit dans le livret jeune la promesse de Dieu à Moïse : « Je suis avec toi. » Après un temps de silence, lire la question : « Dieu a fait cette promesse à Moïse et à son peuple. Et toi, quand crois-tu que le Seigneur est proche de toi ? » Là encore, après un temps de silence, proposer aux jeunes d'écrire leur réponse dans l'espace prévu dans leur livret. Se lever tranquillement pour tracer le signe de croix et dire ensemble l'une des prières de Mère Teresa p. 26 du livret jeune.
- Chanter « Amis dans le Seigneur », couplet 1.
- Lire ensemble l'une des prières p. 26 du livret jeune.
- Dire ensemble le *Notre Père*.
- Chanter le couplet 5.

Inviter les jeunes à prier avec les textes de Mère Teresa pendant la semaine.

Étape 3
« Je ne le connais pas »

Le texte biblique

Le reniement de Pierre [Lc 22,54-62]
54 *Ils se saisirent de Jésus pour*
l'emmener et ils le firent entrer dans la
maison du grand prêtre. Pierre suivait
de loin. 55 *Ils avaient allumé un feu au*
milieu de la cour et ils s'étaient tous
assis là. Pierre était parmi eux. 56 *Une*
servante le vit assis près du feu ; elle le
dévisagea et dit : « Celui-là aussi était
avec lui. » 57 *Mais il nia : « Femme, je ne*
le connais pas. »
58 *Peu après, un autre dit en le voyant :*
« Toi aussi, tu en fais partie. » Pierre
répondit : « Non, je n'en suis pas. »
59 *Environ une heure plus tard, un autre*
insistait : « C'est sûr : celui-là était avec
lui, et d'ailleurs il est Galiléen. » 60 *Pierre*
répondit : « Je ne vois pas ce que tu
veux dire. » Et à l'instant même, comme
il parlait encore, un coq chanta.
61 *Le Seigneur, se retournant, posa son*
regard sur Pierre ; et Pierre se rappela
la parole que le Seigneur lui avait dite :
« Avant que le coq chante aujourd'hui,
tu m'auras renié trois fois. » 62 *Il sortit*
et pleura amèrement.

Quelques repères pour les catéchistes

Pour lire le texte

Ce texte se situe juste après l'épisode de Gethsémani où Jésus se retrouve seul à prier, face à l'angoisse. Les disciples se sont endormis.
Ce récit se déroule de nuit et la suite du texte, les outrages à Jésus prophète, également.
Pierre est au centre de ce tableau. Ce texte décrit une scène qui pourrait paraître banale : un groupe assis dans la nuit autour du feu.
Cependant, les événements sont dramatiques : Pierre a suivi Jésus lors de son arrestation, il est dehors dans la cour, pendant que Jésus est dans le palais du grand prêtre. Il attend, inquiet. Dès le verset introductif, une distance est perceptible : l'apôtre suit son maître, mais « de loin ». Cette précision rappelle les versets équivoques en Lc 22,31-34 où Pierre affirmait avec force vouloir suivre Jésus jusqu'à la mort et où Jésus lui annonçait déjà son reniement. Face au drame qui se prépare, Pierre se désolidarise de Jésus par peur de l'accusation d'association de malfaiteurs. Pierre va affirmer deux fois qu'il ne connaît pas Jésus et une fois qu'il n'est pas l'un de ses disciples.
C'est le regard que Jésus pose sur Pierre qui lui rappelle ce que Jésus avait dit. Pierre fond en larmes, larmes de chagrin et d'amertume. Répétée deux fois dans le verset, l'expression « Le Seigneur » n'est pas utilisée ailleurs dans la Passion ; elle évoque le pouvoir de Jésus de sauver en suscitant la conversion du pécheur. Le Seigneur se retourne, et par son regard, le chant du coq prend sens pour Pierre : il se souvient de la parole oubliée (Lc 22,34). Ce souvenir engendre le repentir de Pierre. Et l'histoire affirmera que ce reniement a interrompu la relation entre Pierre et Jésus, mais ne l'a pas détruite. Pierre deviendra le serviteur apostolique, le fondateur de l'Église.
D'après *Les évangiles, textes et commentaires*, Tassin, Hervieux, Cousin, Marchadour, Éditions Bayard, Paris, 2001.

Comment en parler avec les jeunes ?

Il est important de dire aux jeunes que la relation au Christ n'est pas un chemin linéaire. Il passe par des rencontres et des séparations. Certains événements nous rapprochent des autres et de Dieu, d'autres nous en éloignent. Être disciple du Christ passe par de véritables conversions. Mais ces conversions s'appuient sur le fait que même si nous nous éloignons, le Christ, lui, ne nous quitte pas. Le regard du Christ sur Pierre maintient la relation : la lumière est plus forte que l'obscurité de la nuit, de la trahison. Ce regard ne permet-il pas à Pierre de se rendre compte, de relire ce qu'il a vécu, de mesurer les actes posés, les paroles prononcées ?
N'en est-il pas de même dans notre vie ?
L'humanité de Pierre nous invite à accepter nos moments de doute et à les traverser avec confiance. La prière de Jésus nous donne la certitude que Dieu ne nous abandonnera pas au cœur de nos nuits.

Étape 3
« Je ne le connais pas »

Enjeu de l'étape 3 « Je ne le connais pas »

L'enjeu de cette étape est de se rappeler que l'amour de Dieu est toujours premier. À partir du récit de Pierre, les jeunes découvriront que le doute fait partie du chemin de foi, mais au cœur de ce doute, Dieu, lui ne cesse d'aimer

Objectifs

- Découvrir que toute relation est fragile
- Découvrir l'itinéraire de Pierre

Matériel

- Le livret jeune
- La frise « Parole de Dieu à travers les âges », Éditions CRER
- Le jeu « Embarque avec Pierre » (*cf.* Supplément du catéchiste)

Chant

- Amis dans le Seigneur, n° 1

Déroulement

1er pas

- Se souvenir de l'étape précédente en s'aidant de la p. 30 du livret jeune.

Installer l'espace prière, en prévoyant une icône ou une représentation du Christ, et la frise.

- Tracer le signe de croix.
- Chanter le refrain « Amis dans le Seigneur ».
- Dire ensemble :

Nous te rendons grâce, ô Seigneur d'avoir semé dans le cœur des hommes et des femmes, les germes de ton amour.

Tu nous donnes des témoins et des guides. Paul et Pierre, Moïse, et plus près de nous Mère Teresa. Avec eux, tu redis ton amour pour chacun d'entre nous. Révèle à… (nommer les jeunes) *que tu aimes chacun d'un amour immense. Paul le disait bien : s'il me manque l'amour je ne suis rien !*
Cet amour fou, tu l'as déposé comme un souffle sur toute vie : il est patience et service, simplicité et honnêteté, générosité et pardon, vérité et espérance, foi et charité.
Donne-nous d'aimer de cet amour !

Nous te rendons grâce, ô Dieu d'avoir semé dans le cœur des hommes et des femmes, les germes de ton amour.

- Refrain : « Amis dans le Seigneur ».
- Lire Lc 22,54-62.

2e pas

- Chercher le texte de Luc dans la bible. Reformuler le texte du reniement de Pierre avec les jeunes.
- Demander ce que signifie « renier quelqu'un », trouver des exemples.

> - Et Pierre, pourquoi a-t-il renié Jésus ?
> - Est-ce qu'à votre avis, le reniement de Pierre signifie qu'il ne croira plus en Jésus Christ ?

Ne pas raconter la vie de Pierre, les jeunes vont la découvrir dans le jeu à l'étape suivante.

3e pas

- Découvrir le chemin de foi de Pierre avec le jeu « Embarque avec Pierre ».

4e pas

- Relecture du jeu.
- Lire ensemble dans le livret jeune p. 13 l'encadré « Pierre et Jésus, une rencontre » ou s'inspirer de ces pages pour raconter le cheminement de Pierre avec Jésus et les apôtres.

• Relever les différents moments de son itinéraire (sa vie de pêcheur, l'appel de Jésus…).
• Baliser notre propre itinéraire de foi en proposant un temps d'échange :

- Quels sont les grands événements de notre vie de chrétiens (baptême, eucharistie, messe, temps fort, catéchèse…) ?
- Quels actes au quotidien nous rappellent que nous sommes chrétiens (prière personnelle ou avec d'autres, écoute de la parole de Dieu, catéchèse, attitudes avec les autres…) ?
- Y a-t-il des moments où nous sommes proches des autres, attentifs, proches de Dieu ?
- Y a-t-il des moments où nous savons que nous faisons mal ?

• Observer la mascotte p. 12 « En route ! » et donner l'avis de Gabriel.

L'avis de Gabriel : Pas facile d'aimer ! Dieu a un grand projet pour l'homme, le sauver. Être sauvé, c'est croire que Dieu pardonne toujours, même lorsque l'on ne veut plus aimer. Le péché c'est tourner le dos à Dieu en ne s'aimant plus soi-même, en n'aimant plus les autres, en n'aimant plus Dieu. Le sacrement de réconciliation, c'est Dieu qui permet de retrouver le chemin de l'amour.

5e pas

• Proposer un temps personnel en prenant le livret p. 22, troisième étape de « Ta boussole », et en rentrant dans une attitude de calme et de silence. (*Cf.* le « chemin du silence », quatrième pas de la première étape p. 46.)
• Lire dans le livret jeune, la parole de reniement de Pierre : « Je ne le connais pas ». Après un temps de silence, lire la question : « Y a-t-il des moments où comme Pierre, tu trouves qu'il est difficile d'avoir la foi en Jésus Christ ? Là encore, après un temps de silence, proposer aux jeunes d'écrire leur réponse dans l'espace prévu dans leur livret. On peut aussi les inviter à exprimer une prière à partir de leur réponse commençant par exemple par : Seigneur, prends pitié…
• Puis rentrer dans le temps de prière en traçant le signe de croix.
• Relire le texte de Lc 22,54-62.
• Chanter ou dire ensemble « Seigneur, prends pitié » et proposer aux jeunes qui le souhaitent d'exprimer la prière qu'ils ont écrite dans leur livret.
• Dire ensemble le *Notre Père*.
• Chanter « Amis dans le Seigneur ».
• Tracer le signe de croix.

Inviter les jeunes à prier le *Notre Père* comme une prière de confiance pendant la semaine.

Règle du jeu
« Embarque avec Pierre »

On peut jouer à 2, 3 ou 4 personnes ou en équipes. Le but est d'arriver au « Port d'attache ». Chaque joueur pose son pion sur la case « Ponton de départ ». Chacun à son tour jette le dé et avance son pion en fonction du chiffre indiqué. Faire une pioche avec les cartes « Pierre ».
Lorsque tu tombes sur les cases :

Pioche une carte et réponds à la question.

Réponds à la question.

C'est la tempête ! Reste à l'abri ! Passe un tour.

Rejoue !

Fais une escale avec les disciples ! Ils te donnent la réponse à la carte « Pierre » suivante si tu ne connais pas la réponse.

Rends-toi directement sur la case indiquée par la flèche !

Étape 4
« N'ayez pas peur »

Le texte biblique

Jésus marche sur la mer [Mt 14,22-33]

Aussitôt après avoir nourri la foule dans le désert, [22] Jésus obligea ses disciples à monter dans la barque et à le précéder sur l'autre rive, pendant qu'il renverrait les foules. [23] Quand il les eut renvoyées, il se rendit dans la montagne, à l'écart, pour prier. Le soir venu, il était là, seul. [24] La barque était déjà à une bonne distance de la terre, elle était battue par les vagues, car le vent était contraire. [25] Vers la fin de la nuit, Jésus vint vers eux en marchant sur la mer. [26] En le voyant marcher sur la mer, les disciples furent bouleversés. Ils disaient : « C'est un fantôme », et la peur leur fit pousser des cris. [27] Mais aussitôt Jésus leur parla : « Confiance ! c'est moi ; n'ayez pas peur ! » [28] Pierre prit alors la parole : « Seigneur, si c'est bien toi, ordonne-moi de venir vers toi sur l'eau. » [29] Jésus lui dit : « Viens ! » Pierre descendit de la barque et marcha sur les eaux pour aller vers Jésus. [30] Mais, voyant qu'il y avait du vent, il eut peur ; et, comme il commençait à enfoncer, il cria : « Seigneur, sauve-moi ! » [31] Aussitôt Jésus étendit la main, le saisit et lui dit : « Homme de peu de foi, pourquoi as-tu douté ? » [32] Et quand ils furent montés dans la barque, le vent tomba. [33] Alors ceux qui étaient dans la barque se prosternèrent devant lui, et ils lui dirent : « Vraiment, tu es le Fils de Dieu ! ».

Quelques repères pour les catéchistes

Pour lire le texte

Ce texte vient tout de suite après la multiplication des pains : Jésus continue à donner des signes propres à faire comprendre son identité ; et les disciples progressent sur leur chemin de foi.
On relève quatre parties :

- une séparation initiale où Jésus est seul et prie pendant que la barque des disciples est secouée par le courant et au large (v. 22-24). Comme lors de la Transfiguration (17,1), Jésus se trouve en haut, à l'écart, dans l'intimité de son Père. La barque, figure symbolique de l'Église, affronte la tempête et la nuit.
- l'apparition de Jésus et son invitation à la confiance (v. 25-27). Vers la fin de la nuit, comme avant l'aube de la résurrection, « Jésus vint ». Il marche en vainqueur sur les eaux de la mort. Comme à Pâques, « les disciples sont bouleversés » et croient voir « un fantôme ». Comme à Pâques encore, Jésus se fait reconnaître ; mais ici, il dit : « C'est moi », plus littéralement : « Je suis », l'expression par laquelle dans la bible, Dieu se fait reconnaître de son peuple.
- l'aventure de Pierre (v. 28-32) : la déclaration de Pierre, « si c'est bien toi », incarne par avance le doute des disciples devant le Ressuscité. Mais Pierre obéit à l'ordre de Jésus. Puis le sentiment du danger l'emporte sur la foi, laquelle reste suffisante pour que la peur devienne prière : « Seigneur, sauve-moi ! ». Jésus sauve Pierre et sa présence dans la barque de l'Église ramène le calme. L'évangéliste met pour la première fois Pierre en vedette, et c'est pour souligner la fragilité de celui à qui le Seigneur va confier son Église, mais pour assurer aussi que Jésus viendra au secours de cette faiblesse.
- les disciples reconnaissent Jésus Fils de Dieu (v. 33) : Matthieu conclut par une scène d'adoration liturgique, difficile à imaginer sur une embarcation instable ! Mais dans la logique de symbole de la barque, voici donc par avance l'Église qui confesse son Seigneur, le « Fils de Dieu », vainqueur des forces du mal.

D'après *Les évangiles, textes et commentaires,* Tassin, Cousin, Hervieux, Marchadour, Éditions Bayard, Paris, 2001.

Comment en parler avec les jeunes ?

Forces et faiblesses

Pierre est présenté comme celui qui doute ; il incarne le cheminement de la foi dans le cœur de l'homme, il croit mais sa foi est fragile. Le texte annonce le doute qui saisira les disciples devant Jésus ressuscité. Mais c'est sur ce Pierre qui doute que le Christ a bâti son Église.

Jésus, lui, veut se faire reconnaître comme le Messie par ses disciples. D'une part, il vient près d'eux, marchant sur la mer, signe d'un pouvoir divin sur les éléments. (*cf.* définition de l'eau dans le livret jeune p. 14). D'autre part, il monte près d'eux dans la barque, il se fait proche d'eux, et les rassure en disant « Confiance, c'est moi, n'ayez pas peur ». Les disciples reconnaissent alors sa vraie identité, ils se prosternent et disent « vraiment, tu es le Fils de Dieu ».

Le cheminement des disciples est semblable au nôtre : il oscille sans cesse entre la confiance en l'Alliance de Dieu avec l'homme et la rupture de cette Alliance par la perte de la confiance. Mettre sa confiance en Dieu, c'est accepter qu'il nous prenne par la main, dans les moments de bonheur ou de malheur. C'est reconnaître sa présence au cœur de nos tempêtes. Même s'il ne nous libère pas de l'épreuve, il nous délivre de l'angoisse et de la peur qui y sont liées. La confiance est de l'ordre de l'engagement : engagement à croire que Dieu le premier fait confiance à l'homme. L'histoire du salut est celle de cette Alliance.

Étape 4
« N'ayez pas peur »

Enjeu de l'étape 4 « N'ayez pas peur »

À la fin de cette étape les jeunes découvriront que Jésus Christ appelle ses disciples à la confiance, et que c'est sur cette attitude que repose la foi

Objectifs

- Découvrir que dans le doute, Dieu nous appelle toujours à la confiance
- Reconnaître que Jésus est Fils de Dieu et Sauveur dans notre vie

Matériel

- Le livret jeune
- La reproduction de la p. 15 du livret jeune (*cf.* Supplément du catéchiste)

DVD

- La vidéo « À qui fais-tu confiance ? »

Chant

- Plus près de toi, mon Dieu, n° 2

Déroulement

- Visionner la vidéo « À qui fais-tu confiance ? » DVD en début de rencontre, avant le 1er pas. Inviter les jeunes à réagir à partir des questions suivantes :
  - Est-ce que l'échange des jeunes rejoint ce que vous vivez ?
  - Et vous, en qui faites-vous confiance ? Votre confiance est-elle parfois trahie ?
  - Faites-vous confiance à Dieu ? Comment et dans quelles situations ?

1er pas

- Se souvenir brièvement de l'étape précédente en s'aidant de la p. 31 du livret jeune.

Lors de ce premier pas, les jeunes peuvent ne pas reconnaître l'épisode évangélique représenté. Ne l'induisez pas, laissez les jeunes exprimer simplement ce qu'ils voient et ce qu'ils en déduisent.

- Introduire : « Cette question de la confiance est très importante. Jésus la pose souvent à ses disciples. »
- Montrer la reproduction de la p. 15. Observer l'image en silence ou avec un fond musical.
- Demander aux jeunes de décrire ce qu'ils voient en les guidant avec les questions suivantes :
  - Quelles sont les couleurs, les formes ?
  - Où cela se passe-t-il, et quand ?
  - Pour vous, qui sont les personnages ?
  - À votre avis, pourquoi sont-ils là ?
  - Quelle relation peut-on observer entre les personnages ?
  - Que pouvez-vous dire de la position de la barque dans l'image ? du mât ? de la voile ?
  - Quels sont vos sentiments par rapport à cette image ?
- Raconter ensemble sous forme de récit ce que vous avez compris de cette représentation.

2e pas

- Chercher le texte de Matthieu dans la bible. Lire avec expression et à plusieurs voix le dialogue, Mt 14,22-33.
- Confronter ce que les jeunes ont dit de la représentation avec le texte de Matthieu. Prendre le livret jeune pp. 14-15. S'aider de « Ça veut dire quoi ? » pour comprendre le texte.
- Confronter le texte de Matthieu avec la représentation en s'aidant des questions suivantes :
  - Qu'est-ce qui montre que la barque est au large ?
  - Qu'est-ce qui indique dans le tableau le vent contraire ?
  - Qu'est-ce qui exprime la peur ?
  - Comment sont exprimés les sentiments de Pierre ?
  - Que font les disciples dans la barque ? Que regardent-ils ?

- Quels sont les gestes de Jésus qui expriment la confiance ?
- Quelles parties du texte manquent dans l'image ?

• Donner un titre au tableau et l'écrire dans le cadre p. 15.

3e pas

• Répartir les jeunes en binôme : chaque binôme mime ou met en scène un de ces versets de l'évangile. On peut proposer aux jeunes de s'inspirer du tableau, et d'imaginer d'autres expressions possibles : « Confiance, c'est moi n'ayez pas peur », « Viens », « Seigneur, sauve-moi ».

• Demander aux jeunes de dire ce qu'ils ont ressentis en mimant ces phrases.

• Revenir au texte et se demander pourquoi Pierre dit « Seigneur sauve-moi ».

- Quelle est la réponse de Jésus par son geste et par sa parole ?
- Quelle est la conclusion de l'histoire ? (le vent tomba).
- Que se passe-t-il après cet événement ? (Tout le monde se retrouve dans la barque, ils se prosternent et reconnaissent Jésus Fils de Dieu.)

4e pas

• Demander aux jeunes ce que ce texte signifie, à leur avis, pour nous aujourd'hui.

- Est-ce que parfois nous sommes dans la situation de Pierre, à appeler Jésus au secours ?
- Est-ce que, comme Pierre, nous avons parfois le sentiment que Jésus nous tend la main ?
- Que représente la barque ? (lire « Ça veut dire quoi ? »)
- Sommes-nous parfois dans la barque ?
- Comment peut-elle nous aider ?

Vous pourrez aider les jeunes dans ce dialogue en vous aidant du repère pp. 56-57, et de la rencontre précédente. Relever les différents moments du texte qui reprennent les étapes d'une vie de foi : ces événements nous parlent du Salut : Jésus tend la main, interpelle la foi (un acte de salut est toujours vécu dans la foi, c'est-à-dire dans la confiance), calme la tempête (le mal est écarté), puis les disciples se prosternent ensemble, et le reconnaissent Fils de Dieu, dans la barque, c'est-à-dire en Église.

• Observer la mascotte p. 15 « En route ! » et donner l'avis de Gabriel.

L'avis de Gabriel : Allez ! Confiance ! Dieu a un grand projet pour l'homme, le sauver. Être sauvé, c'est croire que Jésus, fils de Dieu, nous fait toujours confiance. Dans les moments de bonheur et de doute, il nous dit : « N'aie pas peur. » Alors nous aussi faisons-lui confiance !

5e pas

• Proposer un temps personnel en prenant le livret pp. 22-23, quatrième étape de « Ta boussole », et en rentrant dans une attitude de calme et de silence. (*Cf.* le « chemin du silence », quatrième pas de la première étape p. 46.)

• Lire dans le livret jeune, la parole du Seigneur « Confiance, c'est moi ! N'ayez pas peur. » Après un temps de silence, lire la question : « Y a-t-il des moments où comme Pierre, tu prends la main de Jésus et tu lui fais confiance ? ».

• Là encore après un temps de silence, proposer aux jeunes d'écrire leur réponse dans l'espace prévu dans leur livret. On peut aussi les inviter à écrire une prière de confiance, puis rentrer dans le temps de prière en traçant le signe de croix.

• Relire le texte de Mt 14,22-34.

• Chanter « Plus près de toi, mon Dieu ».

• Proposer aux jeunes qui le souhaitent d'exprimer la prière qu'ils ont écrite dans leur livret.

• Dire ensemble le *Notre Père*.

• Tracer le signe de croix.

Inviter les jeunes à reprendre chaque jour leur prière de confiance.

Étape 5
« Heureux êtes-vous »

Le texte biblique

Les Béatitudes [Mt 5,1-12]

[1] *Quand Jésus vit la foule, il gravit la montagne. Il s'assit, et ses disciples s'approchèrent.* [2] *Alors ouvrant la bouche, il se mit à les instruire :*
[3] *« Heureux les pauvres de cœur : le Royaume des cieux est à eux !*
[4] *Heureux les doux : ils obtiendront la terre promise !*
[5] *Heureux ceux qui pleurent : ils seront consolés !*
[6] *Heureux ceux qui ont faim et soif de la justice : ils seront rassasiés !*
[7] *Heureux les miséricordieux : ils obtiendront miséricorde !*
[8] *Heureux les cœurs purs : ils verront Dieu !*
[9] *Heureux les artisans de paix : ils seront appelés fils de Dieu !*
[10] *Heureux ceux qui sont persécutés pour la justice : le Royaume des cieux est à eux !*
[11] *Heureux serez-vous si l'on vous insulte, si l'on vous persécute, et si l'on dit faussement toute sorte de mal à cause de moi.*
[12] *Réjouissez-vous, soyez dans l'allégresse, car votre récompense sera grande dans les cieux ! C'est ainsi qu'on a persécuté les prophètes qui vous ont précédés. »*

Quelques repères pour les catéchistes

Pour lire le texte

Le texte des Béatitudes est, dans l'évangile selon saint Matthieu, l'introduction au premier discours de Jésus.

Après une courte introduction précisant que Jésus pense aux foules, c'est-à-dire à tous, mais s'adresse aux disciples, ce texte est conçu en deux parties :

- les versets 3 à 10 : les huit béatitudes
- les versets 11 et 12 : l'adresse explicite aux disciples.

Les huit béatitudes sont directement inspirées des psaumes et forment un ensemble symétrique. La première et la dernière sont au présent et désignent le Royaume des Cieux. Les six béatitudes centrales sont au futur. Le bonheur « le Royaume des Cieux » annoncé est déjà là ; avec Jésus Christ, l'Emmanuel, Dieu est parmi nous. Mais ce bonheur reste aussi à venir, c'est le chemin du disciple qui marche lentement vers le Père avec Jésus Christ comme guide.

La première béatitude (v. 3). Dans la tradition des psaumes, le pauvre est le dépouillé que Dieu prend sous sa protection (Ps 40 ; 41). L'expression « pauvre de cœur » désigne celui qui s'en remet à Dieu, celui dont le cœur, c'est-à-dire la profondeur, la vérité, est plus habité par Dieu que par lui-même. Celui-ci vit déjà du Royaume des Cieux !

La deuxième béatitude (v. 4). Yahvé s'est révélé à Moïse au Sinaï. Moïse a su reconnaître l'appel de Dieu et se mettre à son service pour que s'accomplisse sa promesse : sortir le peuple d'Israël d'Égypte pour le conduire vers la Terre promise. Jésus est le doux, l'humble (Ps 37) qui révèle son Père aux disciples et aux foules. Le doux est celui qui, comme Jésus et tous ceux qui ont préparé sa venue (Moïse et les patriarches, les prophètes et les rois), se sait aimé de Dieu et aime à son tour.

La troisième béatitude (v. 5). Aux opprimés et affligés de l'Ancien Testament, Dieu apporte consolation et réconfort (Gn 48,11 ; Jb 15,11 ; Ps 33 ; 85 ; 118… ; 1 S 25,7 ; Jr 31,1 ; *etc.*). Jésus lui aussi console ceux qui pleurent et redit que l'amour de Dieu est celui d'un Père.

La quatrième béatitude (v. 6). Le disciple est celui qui cherche la justice pour que chacun puisse vivre dignement. Jésus œuvre pour cette justice en redonnant leur place aux exclus. Mais il révèle aussi la justice de son Père, qui est bien différente de la justice humaine, (Mt 18,12 ;

Mt 25,14 ; 20,1...) déjà annoncée par les psaumes et les prophètes.

La cinquième béatitude (v. 7). Tout au long de l'histoire d'Israël, Dieu fait miséricorde à son peuple. Jésus s'inscrit lui aussi dans cette tradition, mais avec lui, Dieu va encore plus loin. Il donne son Fils pour que tout péché soit pardonné, pour que tout homme soit sauvé. Le disciple est appelé lui aussi à pardonner... et à recevoir le pardon de Dieu.

La sixième béatitude (v. 8). Le cœur pur est celui qui est habité par l'amour de Dieu, celui dont la Loi est « gravée dans son cœur ». Jésus, Fils de Dieu, montre le Père. Avec lui, nul besoin de se voiler la face lorsqu'il parle. Son regard est empli de douceur et de consolation, de justice et de pardon... d'amour.

La septième béatitude (v. 9). Le peuple hébreu cherche sans fin la paix attendue avec la Terre promise. Jésus appelle à la paix (Mt 5,44) parce qu'il est lui-même la paix (Jn 14,27 ; 16,33). Là encore, il faudrait parler de paix « des cœurs », celle du disciple qui remet toute relation entre les mains de Dieu Père.

La huitième béatitude (v. 10). Cette dernière béatitude clôt l'ensemble en rappelant la première, et en introduisant à la suite du texte. Toutes les attitudes évoquées par les béatitudes précédentes sont scandaleuses pour un monde asservi à la violence, l'injustice, la vengeance, et la haine. Le disciple s'expose à l'incompréhension et au rejet, comme les premiers chrétiens ont été victimes de la persécution. Mais là encore ce combat est celui de la foi qui est déjà habitée par le Royaume des Cieux.

Comment en parler avec les jeunes ?

« Le désir de Dieu est inscrit dans le cœur de l'homme, car l'homme est créé par Dieu et pour Dieu ; Dieu ne cesse d'attirer l'homme vers lui, et ce n'est qu'en Dieu que l'homme trouvera la vérité et le bonheur qu'il ne cesse de chercher. » *Catéchisme de l'Église Catholique* n° 27.
Dieu inscrit dans nos cœurs un désir infini de bonheur. Mais souvent nous avons du mal à reconnaître ce qui nous rend vraiment heureux. Avec les Béatitudes, les jeunes vont pouvoir exprimer ce qu'ils attendent de la vie, d'eux-mêmes, des autres et de Dieu. Mais parler du bonheur, c'est toujours parler de ces manques. Aidons-les à reconnaître le bonheur là où il se manifeste : amis, familles, santé, réussite... mais aidons-les aussi à voir que ces événements, même s'ils contribuent grandement au bonheur, ne l'enferment jamais.
Le bonheur c'est, au fond, se reconnaître aimé de Dieu. Ce regard change la vie ! Il invite à l'espérance, à ne pas se décourager et à porter un regard aimant sur soi. Il invite à l'amour, au partage et au pardon. Il invite à la foi, à donner toute sa place à Dieu dans notre vie. (*cf.* 1 Co 13,13)
Heureux sont les disciples qui laissent tout pour suivre le Christ ! Le texte de Matthieu se lit comme une invitation au bonheur, mais un bonheur à la manière du Christ : dérangeant et exigeant. À travers ces Béatitudes, se trace le portrait de Jésus : c'est bien lui que nous reconnaissons, lui le doux et l'humble, le Consolateur et le Miséricordieux.
Alors être heureux, c'est peut-être tout simplement commencer à reconnaître Jésus comme un guide, et ajuster notre vie à la sienne.

Étape 5
« Heureux êtes-vous »

Enjeu de l'étape 5 « Heureux êtes-vous »

L'enjeu de cette étape est de recevoir les Béatitudes comme un appel au bonheur. Un bonheur qui interroge et bouscule nos idées du bonheur et nous fait percevoir ce qu'est le Royaume de Dieu

Objectifs

- Se demander ce qui rend vraiment heureux
- Découvrir le chemin du bonheur proposé par le Christ

Matériel

- Le livret jeune
- Une sélection de photos de magazines évoquant le bonheur (mélanger des photos symboliques et réalistes) et une grande feuille pour les coller
- Ou des feuilles A3 et de quoi dessiner

DVD

- La vidéo « Qu'est-ce qui te rend heureux ? »
- La vidéo « Qu'est-ce qui est le plus important pour toi ? »

Chant

- Plus près de toi, mon Dieu, n° 2

Déroulement

1er pas

- Se souvenir brièvement de l'étape précédente à l'aide de la p. 31 du livret jeune.
- Écrire le mot « Bonheur » et trouver pour chaque lettre un mot en lien avec le bonheur.
- Engager le dialogue à propos du bonheur en s'aidant des questions suivantes :
  - Ça veut dire quoi être heureux ?
  - À quoi sait-on que l'on est heureux ?
  - Qu'est-ce qui nous rend heureux de manière passagère ?
  - Qu'est-ce qui nous rend vraiment heureux ?
- Vous pouvez aussi vous aider du livret jeune pp. 4-5 « Qu'est-ce que tu dis ? » et visionner les vidéos « Qu'est-ce qui te rend heureux ? » et « Qu'est-ce qui est le plus important pour toi ? » DVD. Susciter les réactions des jeunes, les inviter à réagir sur ce qu'ils ont entendu, à partir des questions suivantes :
  - Qui sont les personnes les plus importantes pour vous ?
  - À qui vous confiez-vous ?
  - Quels sont vos grands moments de bonheur ?
- À partir de cet échange, écrire ensemble la recette du bonheur dans le livret jeune p. 29 « Dans ton sac à dos ».

2e pas

- Aller voir ce qu'est le bonheur pour Mère Teresa aux pp. 24-25 « Carnet de visite ».
- Lire son interview :
  - Qu'en pensez-vous ?
  - Est-ce que parfois pour vous le bonheur ressemble à ce que Mère Teresa en dit ?
- Demander à chaque jeune de dire la phrase qui lui parle le plus.
- À partir de ce que vous avez découvert, voulez-vous rajouter d'autres ingrédients à votre recette du bonheur ?

3e pas

- Écouter maintenant ce que Jésus dit du bonheur dans les évangiles.
- Lire le texte des Béatitudes Mt 5,1-12.
- Répartir les jeunes en binôme et leur distribuer une ou deux béatitudes. En s'aidant du livret jeune pp. 16-17 « En route ! », comment comprenez-vous cette béatitude ? Qu'en pensez-vous ?
- Mettre en commun. Que signifie chacune des béatitudes ?

Vous pourrez aider les jeunes à comprendre les Béatitudes en lisant avant la rencontre le repère pp. 60-61.

- Observer la mascotte p. 17 « En route ! » et donner l'avis de Gabriel.

L'avis de Gabriel : Dieu a un grand projet pour l'homme, le sauver. Être sauvé, c'est croire que Dieu ne veut que notre bonheur. Les béatitudes que Jésus nous donne, éclairent nos choix, nos actes, nos paroles. Jésus nous accompagne sur ce chemin. Alors laissons-nous guider par le Christ et partageons ce bonheur !

- Deux propositions :

  - Déposer les photos du bonheur sur une table : demander aux jeunes de choisir une photo qui pour eux illustre le mieux la béatitude qu'ils ont reçue et dire pourquoi. Chaque équipe colle sa photo sur une feuille et écrit la béatitude.
  - Donner une feuille A3 à chaque binôme : écrire la béatitude reçue et l'illustrer en représentant ce qu'elle évoque pour chacun.
- Voulez-vous rajouter d'autres ingrédients à la recette du bonheur ?

4e pas

- Proposer un temps personnel ou chaque jeune prend son livret pp. 22-23 « Ta boussole » et prend le temps de répondre à la question « Qu'est-ce qui te rend vraiment heureux ? ».

5e pas

- Annoncer le temps fort de préparation au sacrement de la pénitence et de la réconciliation et réaliser une présentation de l'équipe de la recette du bonheur pour le temps d'accueil de ce temps fort (sous la forme de votre choix : saynète, mime, chant, panneau…).

6e pas

- Temps de prière.
- Tracer le signe de croix.
- Chanter « Plus près de toi mon Dieu ».
- Lire la recette du bonheur de l'équipe.
- Reprendre le chant.
- Sur un panneau, chaque binôme vient poser son illustration ou sa photo et lit la béatitude (dans l'ordre du texte).

« Jésus, ce chemin de bonheur, c'est celui que tu nous proposes.
Donne-nous ton Esprit pour que nous puissions prendre ce chemin.
Donne-nous ton Esprit pour que nous reconnaissions ton visage et ta présence dans chaque geste de réconfort et de douceur, de consolation et de pardon, de paix et de justice.
Que chacune de nos rencontres nous conduise au bonheur de t'aimer.
Amen »

- Chanter « Plus près de toi, mon Dieu ».
- Proposer aux jeunes de se souvenir de la béatitude qu'ils ont reçue et d'essayer de la vivre pendant la semaine.

Temps fort
« Va en paix »

Quelques repères pour les catéchistes

Tout au long des étapes de ce module, les jeunes ont découvert que l'amour de Dieu est premier, Dieu propose sans cesse son amour à l'homme, et lui, est libre d'y répondre. La vie chrétienne n'est pourtant pas linéaire. Face à cet amour fou de Dieu pour l'homme, nous découvrons nos pauvretés, nos refus d'aimer, lorsque comme Pierre nous disons : « Je ne le connais pas ». *Pourtant, ni la souffrance ni notre péché, ne nous éloignent définitivement de Dieu.* À tout moment peut surgir le désir de rendre grâce et d'être heureux.

Mais, nous vivons également des ruptures avec les autres, avec Dieu et aussi avec nous-mêmes. La souffrance nous fait buter sur le chemin. Notre foi en Dieu peut être mise à l'épreuve par l'expérience du mal et de la souffrance. Dieu peut sembler absent et incapable d'empêcher le mal (*Catéchisme de l'Église Catholique* n° 272). Devant la souffrance, la question « Où est Dieu ? » est fréquente.

Ce temps fort veut aider les jeunes à prendre conscience de l'amour inconditionnel de Dieu pour chacun. Aucun de nous n'est jamais trop loin pour Dieu. Quoique nous vivions et fassions, Dieu est toujours prêt à nous accueillir.

Il est bon pour des adolescents de les aider à discerner dans leur vie ce qui est de l'ordre du péché et ce qui est du domaine de la blessure.

Pécher, c'est dire non à l'amour de Dieu, et à ses commandements, c'est manquer de confiance en Dieu en croyant trouver son bonheur dans d'autres directions.

Avoir le sens du péché, c'est prendre conscience de nos refus de l'Amour de Dieu. C'est se mettre devant Dieu, en confiance et se regarder sans peur. C'est enlever les mauvaises herbes pour faire éclore les talents.

Se confesser, c'est d'abord confesser l'amour de Dieu. C'est ensuite reconnaître que nous n'avons pas toujours répondu à cet amour.

Trois éléments sont intéressants à regarder pour aider les jeunes à faire le point sur leur vie avant de proposer d'aller rencontrer un prêtre pour recevoir le sacrement de la pénitence et de la réconciliation.

Ma relation à moi-même

Suis-je plus préoccupé de moi-même que des autres ?

Est-ce que j'accepte de me remettre en question en toute honnêteté ?

Est-ce que je ne me surestime pas quelques fois ou au contraire suis-je souvent en train de dire du mal de moi ou de me faire du mal ?

Ai-je conscience des dons que j'ai reçus et est-ce que j'essaie de les développer ou plutôt de les faire taire ?

Ma relation aux autres

Est-ce que je fais confiance aux autres ?

Est-ce que j'accepte que l'autre soit différent (pas les mêmes marques de vêtements, pas la même couleur de peau, un physique différent…) ?

Est-ce que je fais preuve d'amour ? De tendresse ? Ou est-ce que je veux être le plus fort tout le temps, avoir toujours raison, ne jamais écouter l'avis de ceux qui m'entourent…

Est-ce que je partage ce qui m'appartient ?

Est-ce que je suis capable de pardonner et d'aller demander pardon aux personnes que j'ai blessées, avec lesquelles je me suis fâché ?

Est-ce que parfois je mens, je ne dis pas la vérité pour me tirer d'affaire ou me faire remarquer ?

Ma relation à Dieu

Dans ma vie, chaque jour, est-ce que je prends le temps de prier ?

Est-ce que je vais régulièrement à la messe ou seulement si je n'ai vraiment rien d'autre à faire « de plus intéressant » ?

Comment est-ce que je parle de Dieu dans mon collège ?

Ces questions ne sont pas exhaustives, mais elles donnent des pistes pour regarder sa vie honnêtement et à la lumière de la Parole de Dieu.

Il est bon que les jeunes aient du temps pour réfléchir à ces questions avant d'aller s'ils le souhaitent rencontrer un prêtre.

Certains jeunes n'osent pas aller parler à quelqu'un d'autre de ce qui n'est pas lumière

dans leur vie. La « peur du prêtre » les empêche parfois de faire la démarche. Il est bon alors de rappeler que le prêtre est aussi un homme qui se confesse. Il n'est pas là pour juger. Ce qu'on lui dit est vraiment un secret. En aucun cas, il n'a droit de dire ou de répéter ce qu'une personne est venue confesser.

La confiance vécue dans l'équipe, l'écoute et le respect mutuel favorisent une belle célébration de la pénitence et de la réconciliation.
Jeunes et adultes repartiront heureux d'avoir un cœur réconcilié, heureux de reconnaître cet amour de Dieu pour chacun.

Enjeu du temps fort « Va en paix »

Avec ce temps fort les jeunes découvriront que l'amour de Dieu est miséricorde. La préparation à la démarche sacramentelle les aidera à relire leur vie à la lumière de cet amour premier et absolu

Objectifs

- Préparer au sacrement de la pénitence et de la réconciliation
- Découvrir la Parole de Dieu comme un guide de discernement
- Vivre une expérience avec la communauté chrétienne

Il est préférable que ce temps fort regroupe plusieurs équipes de jeunes. Prévoir alors les lieux appropriés. Ce temps est une démarche de préparation au sacrement de la pénitence et de la réconciliation. La célébration proposée peut être vécue à la suite. Nous recommandons vivement qu'elle soit proposée comme un temps de prière avec l'ensemble de la communauté chrétienne.

Intervenant

- Pour l'atelier 3, inviter un prêtre. Préparer l'échange avec lui.

Matériel

- Le livret jeune
- Les recettes du bonheur de chaque équipe affichées avant l'arrivée des jeunes dans la salle d'accueil
- Trois panneaux pour les paroles des ateliers
- Une grande feuille de papier ou un tableau
- De quoi écrire
- Le matériel pour les ateliers (*cf.* fiche technique p. 69)

DVD

- La vidéo « Le sacrement de réconciliation »

Chants

- Amis dans le Seigneur, n° 1
- Plus près de toi, mon Dieu, n° 2
- Le bonheur d'être ensemble, n° 3

Déroulement

1er pas

Temps de lancement

- Accueil.
- Chanter « Amis dans le Seigneur » ou « Le bonheur d'être ensemble ».

Prévoir un animateur (ou deux animateurs qui dialoguent) pour l'ensemble du temps fort ainsi qu'un décor autour du voyage, du chemin (une boussole, une corde, un sac à dos, une carte…).
L'animateur porte un sac à dos, et une tenue de voyage. Il sort des éléments de son sac : le livret jeune, une carte pour localiser la provenance ou le nom des équipes (moyens pour les identifier, doyenné, aumônerie, collège, paroisse, zone…), une boussole (Dieu dans ma vie), une bible, une corde d'escalade…

Temps fort
« Va en paix »

L'ambiance du lancement, la mise en scène pourront être utilisées lors des autres temps forts de l'ensemble des modules.

- Reprendre les étapes à l'aide de l'avis de Gabriel et lancer le temps fort à partir des objectifs.
- Inviter les équipes à présenter leur recette du bonheur (si elles ne sont pas trop nombreuses) ou reprendre simplement des éléments de chaque recette si les équipes sont nombreuses. Veiller à donner du dynamisme à ce temps de lancement.
- Écrire le mot « Pardon » sur un panneau et demander aux jeunes de dire des mots ou des expressions qui leur font penser au pardon. Les écrire.
- Garder ce panneau. Les jeunes viendront le compléter à la fin de chacun des ateliers.
- Chanter « Amis dans le Seigneur ».
- L'animateur va chercher la bible et la dépose sur un chevalet. Baisser la lumière. Proclamer le texte de Bartimée Mc 10,46-52.

2e pas

- Témoignage d'un grand jeune, si possible, pour qui le sacrement de la pétinence et de la réconciliation est un rendez-vous important.
- Après le témoignage du grand jeune (ou à la place s'il est impossible de faire venir un témoin), visionner la vidéo « Le sacrement de réconciliation » DVD. Inviter les jeunes à réagir à partir des questions suivantes :

> - Quel témoignage vous parle le plus ?
> - Et vous, avez-vous déjà vécu le sacrement de réconciliation ?
> - Que pouvez-vous en dire ?

- Répartir les jeunes dans les ateliers : les équipes sont les mêmes que d'habitude.

3e pas

Les ateliers peuvent se démultiplier pour un grand nombre.

Atelier 1 : « Confiance »

- Un jeune a les yeux bandés, un autre lui sert de guide et l'oriente sur un parcours préparé à l'avance avec plusieurs obstacles.

Tous les jeunes vivent l'expérience. Plusieurs binômes peuvent démarrer ensemble.

- Temps de réaction : qu'est-ce que tu as ressenti : peur, confiance... ? Qu'est-ce qui t'a aidé ? Qu'est-ce que tu as découvert ?
- Relire le début du texte de Bartimée (v. 46). Leur demander ce que l'on retrouve dans le texte qu'ils ont pu ressentir avec le jeu. Être aveugle est-ce seulement ne rien voir ? Est-ce qu'il nous arrive aussi d'être aveugle sur certaines choses ? Lesquelles ? Après ce temps d'échange, proposer aux jeunes de reprendre leur livret pp. 20-21, et de réfléchir, personnellement et en silence aux questions posées en lien avec cette partie du texte.
- Puis les jeunes se rendent au panneau « Pardon » et ajoute un mot, une expression...

Atelier 2 : « Que veux-tu que je fasse pour toi ? »

- Préparer plusieurs papiers avec les situations suivantes :

- J'ai une recherche à faire sur Internet dans le cadre du cours SVT, je commence mes recherches, mais mon ordinateur est aussi connecté sur la messagerie instantanée avec mes copains. L'un d'eux se signale, qu'est-ce que je fais ?
- Au collège, hier soir, j'avais plein de bonnes raisons de ne pas apprendre mes leçons (rendez-vous orthodontiste, visite de la grand-mère, coupe du monde de foot...). Le lendemain, il y a un contrôle, mon cahier est juste à portée de main dans mon cartable, mon voisin paraît tout savoir... qu'est-ce que je fais ?
- Sur le terrain de basket, au moment de faire les équipes, personne ne veut de Gwen qui n'est pas très bon en sport, quelle est mon attitude ?
- Sur la cour de récré, des collégiens racontent des blagues sur Dieu, la prière, les jeunes qui vont à l'aumônerie. Qu'est-ce que je fais ?

- Les jeunes tirent au sort et miment la situation à deux ou trois.
- À la fin des mises en scène dialoguer avec les jeunes sur les situations proposées. Aider les jeunes à discerner (ce qui est fermeture/ouverture aux autres, choix/non-choix, bien/pas bien) à l'aide de quelques questions :

> - Avant d'agir, avez-vous pensé aux conséquences de cet acte ?

- Comment avez-vous fait votre choix ?
- Qu'est-ce qui permet de choisir ?
- Conclure ce temps d'échange en disant que ces situations nous mettent devant notre liberté et notre volonté. Si nous savons que ce que nous faisons est mal et que nous le faisons malgré tout, ce n'est pas une erreur, c'est un péché.

• Relire la fin du texte de Bartimée (v. 51-52).
• Proposer un temps personnel en essayant de répondre à la question de Jésus à Bartimée : « Que veux-tu que je fasse pour toi ? » Reprendre le livret jeune pp. 20-21 et les questions correspondant à ces versets.
• Puis les jeunes se rendent au panneau « Pardon » et ajoutent un mot, une expression…

Atelier 3 : « Fils de David, aie pitié de moi »

• Inviter un prêtre à parler de ce qu'il vit quand il reçoit des personnes, comment il entend la parole des autres, comment il peut les aider…
• Puis proposer un temps d'échange autour de questions concrètes sur la démarche pénitentielle. On peut s'aider pour cela du livret jeune pp. 20-21.
• Lire les versets 47 à 50 du texte de Bartimée. Proposer un temps personnel à partir de la phrase de Bartimée : « Fils de David, Jésus, aie pitié de moi ». Reprendre le livret jeune pp. 20-21 et les questions correspondant à ces versets.
• Puis les jeunes se rendent au panneau « Pardon » et ajoutent un mot, une expression…

Atelier 4 : Mimer le récit de Bartimée

4e pas

• Pause goûter – détente.
• À la fin de la pause, les jeunes se rendent sur le lieu de la célébration.

Célébration de la pénitence et de la réconciliation

Ouverture de la célébration

S'accueillir mutuellement. Accueillir chacun comme le Christ a accueilli les pécheurs.

Salutation liturgique

Le prêtre :
« Que la grâce et la paix soient avec vous de la part de Dieu notre Père et de Jésus Christ, le Seigneur, qui s'est livré pour nos péchés. »
Tous :
« Béni soit Dieu maintenant et toujours. »

Le prêtre retrace en quelques mots les pas parcourus dans le module : nous avons découvert l'amour de Dieu pour chacun de nous, cet amour est donné sans condition, l'homme est invité à y répondre. Nous avons parfois du mal à répondre à cet amour. Nous sommes invités à la confiance : personne n'est trop loin pour Dieu. « Confiance lève-toi, il t'appelle. »

Chanter « Amis dans le Seigneur ».

Prière d'ouverture

Oraison du célébrant :
« Dieu nous appelle à nous convertir.
Prions-le pour qu'il nous donne de vivre la conversion en vérité.
Seigneur notre Dieu, ton amour est plus fort que nos offenses et tu accueilles celui qui s'efforce de revenir à toi ; regarde-nous avec bonté, nous reconnaissons que nous avons péché contre toi ; donne-nous de célébrer le sacrement de ta miséricorde et de changer notre vie, pour connaître avec toi la joie qui ne passe pas.
Par le Christ notre Seigneur. »
Tous : *« Amen. »*

Écouter la Parole de Dieu

Laisser la Parole de Dieu nous annoncer la Bonne Nouvelle de la réconciliation qui est aussi invitation à la conversion.

Temps fort « Va en paix »

Acclamation de l'Évangile
Alléluia
Ou en Carême : « Que vive mon âme à te louer ».

Évangile de Jésus Christ selon saint Marc (Mc 10,46-52)
46 *Jésus et ses disciples arrivent à Jéricho. Et tandis que Jésus sortait de Jéricho avec ses disciples et une foule nombreuse, un mendiant aveugle, Bartimée, le fils de Timée, était assis au bord de la route.* 47 *Apprenant que c'était Jésus de Nazareth, il se mit à crier : « Jésus, fils de David, aie pitié de moi ! »*
48 *Beaucoup de gens l'interpellaient vivement pour le faire taire, mais il criait de plus belle : « Fils de David, aie pitié de moi ! »* 49 *Jésus s'arrête et dit : « Appelez-le. » On appelle donc l'aveugle, et on lui dit : « Confiance, lève-toi ; il t'appelle. »* 50 *L'aveugle jeta son manteau, bondit et courut vers Jésus.*
51 *Jésus lui dit : « Que veux-tu que je fasse pour toi ? — Rabbouni, que je voie. »* 52 *Et Jésus lui dit : « Va, ta foi t'a sauvé. » Aussitôt l'homme se mit à voir, et il suivait Jésus sur la route.*

Homélie : le prêtre fait le lien avec le vécu des ateliers, redonne quelques pistes de relecture de vie, invite les jeunes à la confiance.

Chanter « Plus près de toi, mon Dieu ».

Confesser l'amour de Dieu et notre péché

Confesser l'amour de Dieu en même temps que notre péché.

Le prêtre :
« Frères, confessons nos péchés et prions les uns pour les autres. »
Tous :
Je confesse à Dieu tout puissant,
Je reconnais devant mes frères,
Que j'ai péché, en pensée, en parole, par action et par omission
Oui, j'ai vraiment péché,
C'est pourquoi je supplie la Vierge Marie, les anges et tous les saints,
Et vous aussi mes frères de prier pour moi le Seigneur notre Dieu.

Le prêtre :
« Maintenant prions Dieu, notre Père, avec les paroles mêmes que le Christ nous a enseignées, pour qu'il nous pardonne nos péchés et nous délivre de tout mal :
Notre Père... »
Invitation à recevoir le sacrement de la pétinence et de la réconciliation et présentation de la proposition de la carte vitrail et du chemin de lumière.

Pour garder un climat de recueillement et de prière, il est préférable d'avoir présenté en détail les propositions de ce temps avant le début de la célébration.

Les jeunes, quand ils se sentent prêts, s'avancent pour rencontrer un prêtre.

Accueillir le pardon de Dieu

Dans l'action de grâce, accueillir le pardon de Dieu pour en être témoin.

Le climat de prière sera favorisé par un fond musical paisible, des chants méditatifs, de la musique de Taizé, une lumière pas trop violente. Les déplacements se font ainsi dans le calme. Les animateurs se répartissent entre l'animation musicale, l'atelier, une personne veille aussi sur le chemin de lumière.

Chemin de lumière
Lorsque le jeune a rencontré le prêtre, celui-ci lui donne une votive et le jeune va la déposer sur le chemin de lumière qui se constitue peu à peu. Le chemin (votives déposées sur le sol de chaque côté de l'allée) ira jusqu'à la croix ou une icône ; il est amorcé, signe que chacun, réconcilié, est invité à entrer dans ce chemin de lumière à la suite du Christ.

Fabrication d'une carte vitrail

Sur le vitrail : « Va en paix » ou « Confiance, il t'appelle » ou une phrase que le jeune choisit dans le texte de Bartimée.
(*cf.* fiche technique)

Action de grâce et envoi

Rendre grâce tous ensemble.

Chant d'action de grâce

Le prêtre conclut le temps de célébration :
« Notre Dieu et Notre Père, tu nous as pardonné nos péchés, tu nous as donné ta paix ;
Fais que nous nous pardonnions mutuellement nos offenses et que nous réalisions ainsi la paix dans le monde.
Par le Christ, notre Seigneur. »
Tous : *Amen*

Bénédiction

« Que la bénédiction de Dieu tout-puissant, le Père, le Fils et le Saint Esprit, descende sur vous et y demeure toujours. »
Tous : *Amen*
Chanter « Le bonheur d'être ensemble ».

» Fiche technique « Vitrail »

Matériel

- Feuilles de Canson noir format 21 x 29,7 cm : une feuille par jeune
- Feuilles papier vitrail : une pochette peut être utilisée par plusieurs jeunes (préférer des couleurs vives pour que le vitrail soit lumineux)
- Des ciseaux
- De la colle

1 - Prévoir des modèles pour les jeunes : Bougies, flammes…
2 - Chaque jeune dessine sur sa feuille noire une forme qu'il a choisie. Il évide le dessin pour faire ressortir le motif choisi.
3 - Le jeune choisit des couleurs. Il découpe les formes dans le papier vitrail et les colle sur l'envers du Canson noir.
Variante : Pour réaliser le vitrail, il est possible d'utiliser du papier-calque sur lequel le jeune dessine le motif qu'il a choisi. Pour cela, découper une forme géométrique dans la feuille de Canson noir. Évider la feuille de Canson noir : soit pour représenter plusieurs saynètes, soit pour représenter un ou deux dessins.
Pour le dessin : veiller à dessiner le contour à gros traits.
4 - Coller le papier-calque sur l'envers de la feuille Canson.

Itinéraire

Étape 1 : « Je vous salue Marie »

- Marie est la figure de l'espérance chrétienne. Les jeunes seront initiés à la prière mariale et reconnaîtront en elle une aide à la prière personnelle et un chemin vers le Christ

Étape 2 : « Mes yeux ont vu ton salut »

- Avec l'expression de foi de Syméon, les jeunes découvriront que l'espérance a un nom : Jésus Christ. Ils réaliseront que leur propre vie peut s'ancrer en lui pour trouver sa vérité

Étape 3 : « Faites tout ce qu'il vous dira »

- En contemplant Marie aux côtés de Jésus, les jeunes découvriront que l'espérance est une attitude. Cette manière d'être et de vivre conduit à des choix. Ils essaieront d'en nommer quelques-uns

Étape 4 : « Voici ta mère »

- En contemplant Marie, présente à la mort de son fils, les jeunes découvriront que Jésus, en confiant sa mère à Jean, nous la donne aussi comme mère

Étape 5 : « Notre cœur n'était-il pas tout brûlant ? »

- Les questionnements et les certitudes des disciples interrogent notre propre foi. La parole de Dieu conduira les jeunes à se demander où est leur propre espérance et à confirmer sur quoi repose l'espérance chrétienne

Heureux d'espérer

11-13 ans

Visée du module

La visée de ce module est de découvrir que l'espérance chrétienne ouvre un chemin du bonheur (Dt 30,15-18). Don de Dieu, l'espérance est une ancre qui assure la solidité des liens avec le Christ mort et ressuscité, malgré les remous de la vie. L'espérance est une attitude à faire grandir dans l'intelligence et dans le cœur des jeunes. Guidés par Marie, nourris par la vie de l'Église, l'espérance leur permettra de se tenir debout, de faire face au désespoir, de soutenir leur foi et de prendre leur place dans ce monde.

« L'espérance est la vertu théologale par laquelle nous désirons comme notre bonheur le Royaume des cieux et la vie éternelle, en mettant notre confiance dans les promesses du Christ et en prenant appui, non sur nos forces, mais sur le secours de la grâce de l'Esprit Saint. "Gardons indéfectible la confession de l'espérance, car celui qui a promis est fidèle" (He 10,23). "Cet Esprit, il nous l'a répandu sur nous à profusion, par Jésus Christ notre Sauveur, afin que, justifiés par la grâce du Christ, nous obtenions en espérance l'héritage de la vie éternelle" (Tt 3,6-7). »

Catéchisme de l'Église Catholique n° 1817

Rencontre entre catéchistes

Objectifs

- Découvrir Marie comme le premier témoin de l'espérance chrétienne
- Prendre connaissance du déroulement des étapes du module

www.seldevie.fr

Des compléments pour les catéchistes sont disponibles sur le site Internet Sel de Vie

Déroulement

Temps de prière

- Tracer le signe de croix.
- Chanter « Marie, témoin d'une espérance » (livret jeune p. 27).
- Lire le texte de l'Annonciation Lc 1,26-38 pp. 8-9.
- Dire ensemble le *Je vous salue Marie.*
- Contempler « La Madone au Messie » d'Arcabas dans le livret jeune p. 9. Elle peut être agrandie ou projetée.
- Sur un fond musical, lire lentement la méditation p. 8.
- Prier ensemble le *Notre Père.*
- Tracer le signe de croix.

Temps d'échange en petits groupes

- Lire le texte de Benoît XVI pp. 73-74.
- Répondre aux questions suivantes :
  - Qu'est-ce qui permet de dire « Marie est témoin de l'espérance » ?
  - Comment Marie nous conduit-elle à la foi ?
- Mettre en commun en exprimant pour chacune des questions une conviction et une interrogation.
- Conclure : « Le texte de Benoit XVI met particulièrement en valeur trois personnages, Marie, Syméon et Anne qui représentent l'attente juive de la consolation d'Israël. Il nous aide à comprendre que l'espérance chrétienne puise ses racines dans la foi d'Israël. »

Comment parler de l'espérance avec les jeunes ?

- Lire la visée du module p. 71 et découvrir les étapes en remarquant :
  - le cheminement proposé avec la rubrique « Ta boussole » dans le livret jeune,
  - le choix des textes bibliques,
  - la manière dont Marie accompagne l'itinéraire proposé dans ce module.
- On peut conclure cette rencontre en prenant la prière de saint Bernard dans le livret jeune p. 25.

Annexe

Marie, étoile de l'espérance

49. Par une hymne du 7e - 9e siècle, donc depuis plus de mille ans, l'Église salue Marie, Mère de Dieu, comme « étoile de la mer » : *Ave maris stella*. La vie humaine est un chemin. Vers quelle fin ? Comment en trouvons-nous la route ? La vie est comme un voyage sur la mer de l'histoire, souvent obscur et dans l'orage, un voyage dans lequel nous scrutons les astres qui nous indiquent la route. Les vraies étoiles de notre vie sont les personnes qui ont su vivre dans la droiture. Elles sont des lumières d'espérance. Certes, Jésus Christ est la lumière par antonomase, le soleil qui se lève sur toutes les ténèbres de l'histoire. Mais pour arriver jusqu'à lui nous avons besoin aussi de lumières proches – de personnes qui donnent une lumière en la tirant de sa lumière et qui offrent ainsi une orientation pour notre traversée. Et quelle personne pourrait plus que Marie être pour nous l'étoile de l'espérance – elle qui par son « oui » ouvrit à Dieu lui-même la porte de notre monde ; elle qui devint la vivante Arche de l'Alliance, dans laquelle Dieu se fit chair, devint l'un de nous, planta sa tente au milieu de nous (*cf.* Jn 1,14) ? C'est ainsi que nous nous adressons à elle :

50. Sainte Marie, tu appartenais aux âmes humbles et grandes en Israël qui, comme Syméon, attendaient « la consolation d'Israël » (Lc 2,25) et qui, comme Anne, attendaient « la délivrance de Jérusalem » (Lc 2,38). Tu vivais en contact intime avec les Saintes Écritures d'Israël, qui parlaient de l'espérance – de la promesse faite à Abraham et à sa descendance (*cf.* Lc 1,55). Ainsi nous comprenons la sainte crainte qui t'assaillit, quand l'ange du Seigneur entra dans ta maison et te dit que tu mettrais au jour Celui qui était l'espérance d'Israël et l'attente du monde. Par toi, par ton « oui », l'espérance des millénaires devait devenir réalité, entrer dans ce monde et dans son histoire. Toi tu t'es inclinée devant la grandeur de cette mission et tu as dit « oui » : « Voici la servante du Seigneur ; que tout se passe pour moi selon ta parole » (Lc 1,38). Quand remplie d'une sainte joie tu as traversé en hâte les monts de Judée pour rejoindre ta parente Élisabeth, tu devins l'image de l'Église à venir qui, dans son sein, porte l'espérance du monde à travers les monts de l'histoire. Mais à côté de la joie que, dans ton *Magnificat*, par les paroles et par le chant tu as répandue dans les siècles, tu connaissais également les affirmations obscures des prophètes sur la souffrance du serviteur de Dieu en ce monde.

Sur la naissance dans l'étable de Bethléem brilla la splendeur des anges qui portaient la bonne nouvelle aux bergers, mais en même temps on a par trop fait en ce monde l'expérience de la pauvreté de Dieu. Le vieillard Syméon te parla de l'épée qui transpercerait ton cœur (*cf.* Lc 2,35), du signe de contradiction que ton Fils serait dans ce monde. Quand ensuite commença l'activité publique de Jésus, tu as dû te mettre à l'écart, afin que puisse grandir la nouvelle famille, pour la constitution de laquelle il était venu et qui devrait se développer avec l'apport de ceux qui écouteraient et observeraient sa parole (*cf.* Lc 11,27ss). Malgré toute la grandeur et la joie des tout débuts de l'activité de Jésus, toi, tu as dû faire, déjà dans la synagogue de Nazareth, l'expérience de la vérité de la parole sur le « signe de contradiction » (*cf.* Lc 4,28ss). Ainsi tu as vu le pouvoir grandissant de l'hostilité et du refus qui progressivement allait s'affirmant autour de Jésus jusqu'à l'heure de la croix, où tu devais voir le Sauveur du monde, l'héritier de David, le Fils de Dieu mourir comme quelqu'un qui a échoué, exposé à la risée, parmi les délinquants. Tu as alors accueilli la parole :
« Femme, voici ton fils ! » (Jn 19,26). De la croix tu reçus une nouvelle mission. À partir de la croix tu es devenue mère d'une manière nouvelle : mère de tous ceux qui veulent croire en ton Fils Jésus et le suivre. L'épée de douleur transperça ton cœur.

Rencontre entre catéchistes

L'espérance était-elle morte ? Le monde était-il resté définitivement sans lumière, la vie sans but ? À cette heure, probablement, au plus intime de toi-même, tu auras écouté de nouveau la parole de l'ange, par laquelle il avait répondu à ta crainte au moment de l'Annonciation : « Sois sans crainte, Marie ! » (Lc 1,30). Que de fois le Seigneur, ton fils, avait dit la même chose à ses disciples : N'ayez pas peur ! Dans la nuit du Golgotha, tu as entendu de nouveau cette parole. À ses disciples, avant l'heure de la trahison, il avait dit : « Ayez confiance : moi, je suis vainqueur du monde » (Jn 16,33). « Ne soyez donc pas bouleversés et effrayés » (Jn 14,27). « Sois sans crainte, Marie ! » À l'heure de Nazareth l'ange t'avait dit aussi : « Son règne n'aura pas de fin » (Lc 1,33). Il était peut-être fini avant de commencer ? Non, près de la croix, sur la base de la parole même de Jésus, tu étais devenue la mère des croyants. Dans cette foi, qui était aussi, dans l'obscurité du Samedi Saint, certitude de l'espérance, tu es allée à la rencontre du matin de Pâques.

La joie de la résurrection a touché ton cœur et t'a unie de manière nouvelle aux disciples, appelés à devenir la famille de Jésus par la foi. Ainsi, tu fus au milieu de la communauté des croyants qui, les jours après l'Ascension, priaient d'un seul cœur pour le don du Saint Esprit (*cf.* Ac 1,14) et qui le reçurent au jour de la Pentecôte. Le « règne » de Jésus était différent de ce que les hommes avaient pu imaginer. Ce « règne » commençait à cette heure et n'aurait jamais de fin. Ainsi tu demeures au milieu des disciples comme leur Mère, comme Mère de l'espérance. Sainte Marie, Mère de Dieu, notre Mère, enseigne-nous à croire, à espérer et à aimer avec toi. Indique-nous le chemin vers son règne ! Étoile de la mer, brille sur nous et conduis-nous sur notre route !

Extrait de la Lettre Encyclique « Spe Salvi » du pape Benoît XVI, tiré de *Sauvés dans l'espérance*, Éditions Bayard/Cerf/Fleurus-Mame, Paris, 2007.

Encyclique inspirée de la lettre aux Romains (8,24), « c'est dans l'Espérance, que nous sommes sauvés ».
Benoît XVI explique que « Espérance » est l'équivalent de « Foi ». Le Saint Père précise en quoi consiste cette espérance qui pour nous chrétiens, est « Rédemption ».

Rencontre avec les parents

Objectifs

- Échanger autour de l'espérance
- Découvrir l'espérance chrétienne à partir du cantique de Syméon
- Parcourir l'itinéraire proposé aux jeunes

Matériel

- Une bible
- Le livret jeune

DVD

- La vidéo « D'où ? Vers où ? En quête de sens »

Chant

- Marie, témoin d'une espérance, n° 4

Déroulement

Temps de l'écoute et de l'échange

- Regarder la vidéo « D'où ? Vers où ? En quête de sens » DVD.
- Proposer un temps d'échange en petits groupes à partir des questions suivantes :
  - Qu'est-ce qui vous touche dans ces témoignages ? Qu'est-ce qui vous questionne ?
  - Que représente l'Église pour vous ?
  - Qu'espérez-vous trouver dans l'Église ?
- Mise en commun : chaque petit groupe fait part d'une de ses convictions.

Temps de la Parole de Dieu

- Lire le texte de Lc 2,25-33.
- Situer le texte à partir des repères de la p. 81 en mettant en évidence le contexte, la manière dont Syméon reçoit l'enfant et comment Jésus est reconnu comme le salut pour l'humanité.
- Par petits groupes, en s'aidant du texte dans le livret jeune pp. 10-11, proposer un temps de partage à partir des questions suivantes :
  - Qu'est-ce qui, pour vous, dans le texte évoque l'espérance ?
  - Que pensez-vous de l'attente de Syméon ?

Temps de prière

- Tracer le signe de croix.
- Chanter « Marie, témoin d'une espérance ».
- Relire le texte de Luc.
- Dire ensemble la prière de saint Bernard dans le livret jeune p. 25.
- Reprendre le chant.
- Prier ensemble le *Notre Père*.
- Conclure par le signe de croix.

Pour découvrir « Heureux d'espérer »

- Feuilleter le livret jeune avec les parents à partir des rubriques.
- Attirer leur attention sur l'Édito et les pages « Qu'est-ce que tu dis ? » qui peuvent susciter des discussions en famille.
- Puis présenter l'itinéraire parcouru avec les jeunes aux pages « En route ! » et « Ta boussole ». Deux autres points forts du module sur lesquels les parents pourront s'appuyer pour parler avec les jeunes : Marie dans les rubriques « Globe-trotter » et « Carnet de visite » ; et l'eucharistie dans la rubrique « À la loupe ».

Étape 1
« Je vous salue Marie »

Le texte biblique

L'Annonciation [Lc 1,26-38]

*26 L'ange Gabriel fut envoyé par Dieu dans
une ville de Galilée, appelée Nazareth,
27 une jeune fille, une vierge, accordée
en mariage à un homme de la maison
de David, appelé Joseph ; et le nom de
la jeune fille était Marie.
28 L'ange entra chez elle et dit : « Je te
salue, Comblée-de-grâce, le Seigneur
est avec toi. » 29 À cette parole, elle fut
toute bouleversée, et elle se demandait
ce que pouvait signifier cette salutation.
30 L'ange lui dit alors : « Sois sans crainte,
Marie, car tu as trouvé grâce auprès
de Dieu. 31 Voici que tu vas concevoir
et enfanter un fils ; tu lui donneras le
nom de Jésus. 32 Il sera grand, il sera
appelé Fils du Très-Haut ; le Seigneur
Dieu lui donnera le trône de David son
père ; 33 il régnera pour toujours sur la
maison de Jacob, et son règne n'aura
pas de fin. »
34 Marie dit à l'ange : « Comment cela
va-t-il se faire, puisque je suis vierge ? »
35 L'ange lui répondit : « L'Esprit Saint
viendra sur toi, et la puissance du Très-
Haut te prendra sous son ombre ; c'est
pourquoi celui qui va naître sera saint,
et il sera appelé Fils de Dieu. 36 Et voici
qu'Élisabeth, ta cousine, a conçu, elle
aussi, un fils dans sa vieillesse et elle
en est à son sixième mois, alors qu'on
l'appelait : "la femme stérile". 37 Car rien
n'est impossible à Dieu. » 38 Marie dit
alors : « Voici la servante du Seigneur ;
que tout se passe pour moi selon ta
parole. »
Alors l'ange la quitta.*

Quelques repères pour les catéchistes

Pour lire le texte

Marie, mère de Jésus

Ce module débute avec le texte de l'Annonciation. À l'écoute de Marie, les jeunes vont découvrir en elle le modèle de l'espérance chrétienne. Deux textes de Luc et deux textes de Jean baliseront cet itinéraire et permettront de découvrir Marie, et d'avancer avec elle vers la connaissance de son Fils.

Le récit de l'Annonciation s'inscrit chez Luc dans un corps de texte, l'évangile de l'enfance, qui concerne la naissance de deux enfants : Jésus et Jean-Baptiste. Ces deux récits sont traités parallèlement et sont bâtis sur la même structure : temps, lieux, entrée en scène des personnages, cantiques dans lesquels sont révélés la mission de Jean-Baptiste ou de Jésus.

- l'annonce de la naissance de Jean-Baptiste à Zacharie (Lc 1,5-25)
- l'annonce de la naissance de Jésus à Marie (Lc 1,26-38)
- la visite de Marie à Élisabeth (Lc 1,39-56)
- la naissance et la circoncision de Jean-Baptiste : le cantique de Zacharie (Lc 1,57-80)
- la naissance et la circoncision de Jésus : le Gloire à Dieu (Lc 2,1-21)
- la manifestation de Jésus au Temple : le cantique de Zacharie (Lc 2,41-52)

Ce rapprochement entre Jésus et Jean-Baptiste est un procédé littéraire bien connu de la littérature grecque pour mettre en évidence, en les comparant, la supériorité évidente des Grecs sur les Romains. Luc utilise ce procédé pour manifester la prépondérance de Jésus. Dans le texte de l'Annonciation, c'est l'ange lui-même qui se déplace dans l'humble village de Galilée pour annoncer l'événement directement à la future mère (et non au père comme pour Jean-Baptiste). L'Annonce est d'autant plus merveilleuse que la jeune fille est vierge v. 34 (et non stérile comme

Élisabeth). L'Ancien Testament évoque souvent des naissances miraculeuses survenues après de longues années de stérilité : Isaac, Jacob, Esaü, Samson, Samuel : ces personnages seront des dons de Dieu pour le peuple d'Israël. Mais la virginité est un thème nouveau. Il renforce l'idée que Jésus est un don unique de Dieu. Engendré par Dieu lui-même, sa mission ne peut être que divine : il est le fils de Dieu né d'une femme pour sauver l'humanité.

Marie, mère de Dieu

Dès la salutation de l'ange (v. 28), Marie est désignée comme « la favorisée » de Dieu. Le message de l'ange conforte cette appellation. L'enfant qu'elle portera est le Messie attendu par Israël (v. 30-33), il est le Sauveur, le fils de David, le fils du Très-Haut.
Devant cette annonce Marie objecte alors son état et pose la question du comment. L'ange répond en confirmant l'identité de Jésus : né de l'action de l'Esprit Saint, il sera fils de Dieu, saint lui-même, « mis à part ». Ce lien qui le rattache directement à Dieu fait de lui une personne unique et nouvelle.
L'attitude de Marie diverge de celle de Zacharie. Alors que le vieux prêtre est réduit au silence, Marie accepte simplement en disant son obéissance à la parole de l'ange « je suis la servante du Seigneur » v. 48.

Marie, mère de l'Église

En permettant la naissance de cet enfant, Marie initie le chemin de l'Église qui sera elle aussi, dès le livre des Actes, désignée comme la servante du Seigneur. Ainsi l'Église a pu dire de Marie que par son « oui » au message de l'ange, elle est mère du fils de Dieu, « mère de Dieu », mère de l'Église et mère des croyants.

Comment en parler avec les jeunes ?

Le « oui » de Marie

Comment ne pas être arrêtés par la question pratique posée par Marie elle-même « Comment cela va-t-il se faire, puisque je suis vierge ? » (v. 34) et découvrir le message de l'ange comme un message d'espérance pour chacun d'entre nous ?

Tout d'abord, en replaçant le texte dans son cadre littéraire (comme nous l'avons fait au paragraphe précédent) et en s'attachant à la portée symbolique de la virginité. Ensuite, en s'arrêtant sur la promesse de l'ange qui rejoint la grande promesse de Dieu dans l'Ancien Testament. Avec la naissance de Jésus se réalise la prophétie de Natân (2 S 7) : « Je serai pour lui un père et il sera pour moi un fils ». C'est toute l'histoire du salut qui trouve son accomplissement dans ces paroles : « il sera appelé fils du Très-Haut ». Marie dit simplement « oui » à cette promesse et avec elle l'espérance prend chair. L'espérance d'une mère qui pendant neuf mois sait que son enfant grandit en elle et qu'elle porte la vie. L'espérance d'une femme qui aide son enfant à grandir et à devenir un homme. L'espérance d'une croyante, qui écoute les paroles de son fils à la foule et sait qu'elles sont vraies. L'espérance d'un avenir, même au tombeau, alors que Jésus lui confie son ami, et qu'il la confie à son ami. L'espérance de la foi qui vit de l'Esprit pour faire grandir l'Église. Depuis le premier instant, elle sait qui il est et son identité révèle sa mission.
En recevant Marie comme mère, nous la rencontrons comme un témoin intime de l'espérance. Il est important de permettre aux jeunes de réaliser que cette femme qu'ils connaissent mal peut guider leur foi et les aider à mieux reconnaître le Christ. Dans cette étape, ils seront initiés à la prière mariale. La première initiation est peut-être de la rencontrer comme une mère, celle de Jésus mais aussi la mère de tous les croyants. Une mère qui mieux que quiconque connaît et aime son fils et peut nous aider à le connaître et à l'aimer. Les jeunes se familiariseront avec la prière du chapelet (ou plus précisément du dizainier). Le catéchiste veillera à le présenter non pas comme un objet désuet mais comme une aide à la prière personnelle.

Qu'est-ce qu'un chapelet ?

Le chapelet est l'instrument traditionnel pour la récitation du Rosaire. Il est formé de cinq séries de dix petits grains, chacune étant séparée par un grain plus gros. Sur les petits grains on prie le *Je vous salue Marie*, sur le plus gros, le *Notre*

Étape 1
« Je vous salue Marie »

Père, puis on conclut par le *Gloire au Père*. La prière du chapelet peut aussi être dite avec un dizainier, c'est-à-dire une seule série de dix petits grains.

Qu'est-ce que le Rosaire ?

Le Rosaire est une prière de contemplation de l'itinéraire de la vie du Christ. Pour chaque dizaine de chapelet, on médite un mystère de la vie du Christ : l'Annonciation, Noël, la Crucifixion et la Résurrection, la Pentecôte, la Cène, *etc.* Prier le Rosaire, c'est alors contempler avec la Vierge Marie le visage du Christ.
Saint Bernard et les Dominicains ont contribué à développer cette prière.

Comment prier le chapelet ?

Le *Notre Père* ouvre chaque dizaine de chapelet. La prière que Jésus nous a apprise est dite avec Marie.
Viennent ensuite dix *Je vous salue Marie*. Cette prière qui remonte aux premiers siècles de l'Église, est composée de deux parties. Une première reprend tout simplement les mots de l'Évangile, ceux de l'Ange (Lc 1,18) : « Réjouis-toi, pleine de grâce, le Seigneur est avec toi » et ceux d'Élisabeth (Lc 1,42) : « Tu es bénie entre les femmes et le fruit de ton sein est béni ». Le chrétien, en effet, pense comme l'Ange que le Seigneur est avec Marie et qu'elle a trouvé grâce auprès de Dieu. Il pense comme Élisabeth que Marie est bénie plus que toutes les femmes, elle qui a dit : « Toutes les générations me diront bienheureuse, car le Tout-Puissant a fait pour moi de grandes choses » (Lc 1,48-49).
À ces phrases évangéliques, la piété chrétienne a ajouté : « Prie pour nous, pauvres pécheurs, maintenant et à l'heure de notre mort. »
Prier le chapelet c'est aussi prier le Seigneur avec la Vierge Marie : avec elle, confier ses peines, ses joies, rendre grâce, contempler le Christ.

Une prière monotone ?

Cette prière est comme un souffle. Il peut paraître monotone de respirer et pourtant, c'est un acte vital. « Toutes les traditions religieuses connaissent ces prières de répétition. Dire et redire seul ou en famille, en paroisse ou en communauté, les mêmes mots crée un climat de recueillement. Cette prière ouvre le chemin du cœur où tout se passe au secret de la rencontre. Et la prière devient respiration de foi (Présentation Lettre apostolique de Jean-Paul II : « Le Rosaire de la Vierge Marie », 2003).
À l'âge où les mots de la prière sont difficiles, prier avec le chapelet peut en faciliter le chemin, en le balisant pour les adolescents. Le défi est de dépasser l'apparente monotonie de la forme pour ouvrir leur cœur avec confiance, et de se laisser conduire par Marie vers le Christ.

Enjeu de l'étape 1 « Je vous salue Marie »

Marie est la figure de l'espérance chrétienne. Les jeunes seront initiés à la prière mariale et reconnaîtront en elle une aide à la prière personnelle et un chemin vers le Christ

Objectifs

- Avec Marie, s'ouvrir à l'espérance chrétienne
- Prier avec Marie qui nous conduit au Christ
- Éveiller à la prière personnelle

Cette étape peut être vécue comme un temps fort regroupant plusieurs équipes, ou comme une étape ordinaire en petite équipe.

Matériel

- Le livret jeune
- Un tableau
- Dix perles de taille moyenne
- Une grosse perle
- Une cordelette fine ou un caoutchouc fin si on veut pouvoir porter le dizainier en bracelet. Ou une cordelette plus épaisse si on réalise le dizainier avec des nœuds
- Une petite croix (on peut se la procurer dans les magasins des communautés religieuses)

DVD

- La vidéo « Heureux d'espérer »

Chants

- Marie, témoin d'une espérance, n° 4
- Je vous salue Marie, n° 5

Déroulement

- Visionner la vidéo « Heureux d'espérer » DVD en début de module. Inviter les jeunes à réagir à partir des questions suivantes :
  - Quelle image retenez-vous ?
  - Qu'est-ce qui vous a marqué dans cette vidéo ?
  - Quel message transmet-elle ?
- Dire : « Marie est, pour les chrétiens, le modèle de l'espérance. Nous allons, tout au cours de ce module, découvrir la personne de Marie dans les évangiles pour comprendre quelle est son espérance. »

1er pas

À la rencontre précédente, le catéchiste aura demandé aux jeunes de rechercher des représentations (peintures, sculptures, *etc.*) et des textes sur Marie. On peut proposer une recherche sur Internet en sélectionnant auparavant quelques sites (par exemple : www.cate-ouest.com, www.eglise.catholique.fr, www.croire.com, www.lourdes.fr).

- Chaque jeune présente sa recherche et l'affiche sur un tableau prévu à cet effet. Constater la diversité des représentations, puis mettre en valeur les points communs. Découvrir quelques lieux de pèlerinage marial dans le livret jeune pp. 6-7.
- Remarquer qu'à partir de ces différentes représentations, on peut reconstituer un certain nombre d'événements de la vie de Marie. Les nommer et les mettre en ordre chronologique.
- Attirer l'attention des jeunes sur le fait que très souvent Marie n'est pas représentée seule mais avec Jésus.

Ces représentations soulignent l'attachement maternel et humain entre Marie et son Fils et met l'accent sur le rôle de Marie qui par son « Oui » a permis que le dessein de Dieu s'accomplisse. Elle est le lien entre les hommes et Dieu.

- Lire dans le livret jeune p. 24 « Marie témoin de l'espérance » en répartissant les paragraphes entre les jeunes.
- Demander aux jeunes de trouver des éléments montrant comment Marie est une mère pas ordinaire.

2e pas

- Inviter les jeunes à la prière.

Pour le temps de prière, il est souhaitable, si vous en avez la possibilité, de changer de lieu en allant à l'oratoire ou dans un espace réservé à la prière dans la pièce. Si vous êtes obligés de rester au même endroit, signifier clairement que l'on rentre dans le temps de prière : allumer une bougie, rassembler les jeunes autour d'une icône… Ceci est valable pour toutes les rencontres.

- Tracer le signe de croix.
- Chanter « Marie, témoin d'une espérance ».
- Lire le texte de l'Annonciation Lc 1,26-38 dans le livret jeune pp. 8-9.
- Contempler la reproduction d'Arcabas p. 9.
- Sur un fond musical lire lentement la première partie de la méditation p. 8 « Toi de qui est né le soleil ».
- Revenir au silence.
- Reprendre le chant.
- Conclure par le signe de croix.

Étape 1
« Je vous salue Marie »

3e pas

• Demander aux jeunes si avant de lire ce texte ils connaissaient certaines expressions. Puis relever les paroles de l'ange.

- Que disent ces paroles sur Dieu ? Et sur Jésus ?
- Comment Marie les accueille-t-elle ?

• Introduire en disant : « Par la prière nous sommes entrés dans la Tradition de l'Église qui contemple Marie comme la mère de Jésus le Christ. Il existe différentes manières de prier avec Marie ; nous allons en découvrir une aujourd'hui : la prière du chapelet. »

• Lire ensemble dans le livret jeune p. 25 le paragraphe sur le chapelet. Demander aux jeunes s'ils connaissent cette manière de prier, s'ils ont un chapelet, s'ils connaissent des personnes qui en ont un et qui prient avec.

• Lire le *Je vous salue Marie* dans le livret jeune p. 27. Relever les mots communs entre cette prière et le texte de l'Annonciation.

• Dire que la prière du *Je vous salue Marie* s'inspire des mots de l'ange et de la réponse de Marie et qu'il invite à se mettre comme elle à l'écoute de l'Esprit Saint. C'est une prière simple avec un support simple.

• Fabriquer un dizainier, c'est-à-dire une partie du chapelet.

• On peut réaliser le dizainier soit avec des perles soit avec des nœuds de capucins (dans ce cas choisir une cordelette plus grosse). Voir le schéma explicatif du dizainier dans le livret jeune p. 29.

• Observer la mascotte pp. 8-9 « En route ! » et donner l'avis de Gabriel.

L'avis de Gabriel : Avec Marie s'est réalisé la promesse : Jésus, le Fils de Dieu naît d'une femme, vit parmi nous pour annoncer le grand projet de Dieu : que tout homme soit sauvé ! Espérer, c'est, comme Marie, être prêt à accueillir le Christ dans notre vie.

4e pas

• Introduire les jeunes à la prière.

• Chanter « Marie, témoin d'une espérance ».

• Relire lentement le texte de l'Annonciation.

• Le catéchiste dit : « Nous prenons maintenant le dizainier que nous avons réalisé, nous nous tenons tout près de Marie et nous prions avec elle...

Je trace sur moi la Croix et je me rappelle que je suis baptisé, enfant de Dieu.

Je place ma main sur la grosse perle et avec Marie, je me tourne vers le Père : Notre Père...

Fais grandir en nous Seigneur, l'espérance, la foi et l'amour. Puis, sur chaque petite perle je confie une joie, un merci, une peur, un danger, un doute, une peine en priant le Je vous salue Marie »

(il peut être dit ou chanté ou les deux en alternance).

• Reprendre le chant « Marie, témoin d'une espérance ».

• Inviter les jeunes à prier avec leur dizainier chez eux et à l'apporter pour les autres rencontres de catéchèse.

• Proposer un temps personnel en prenant le livret jeune p. 22, étape 1.

> *Les pages « Ta boussole » sont un peu comme un carnet de route qui permet de faire le point, de relire ce que l'on a vécu pendant l'étape pour l'intérioriser. À la fin du module, ces pages permettent de garder une trace de l'itinéraire parcouru.*

• Inviter les jeunes à rester dans le silence et la prière. Le catéchiste lit la phrase de Luc : « Sois sans crainte Marie, car tu as trouvé grâce auprès de Dieu. » Après un temps de silence lire la question : « Crois-tu parfois que le Seigneur est avec toi, à tes côtés pour traverser les moments difficiles et se réjouir avec toi de tes moments de bonheur ? » Là encore après un temps de silence, proposer aux jeunes d'écrire l'une ou l'autre de ces situations dans l'espace prévu dans leur livret.

• Chanter, puis dire ensemble le *Notre Père*.

• Conclure par le signe de croix.

Rappeler aux jeunes de prier chez eux avec le dizainier pendant la semaine.

Étape 2
« Mes yeux ont vu ton salut »

Le texte biblique

Le cantique de Syméon [Lc 2,22-33]

*22 Quand arriva le jour fixé par la loi de
Moïse pour la purification, les parents
de Jésus le portèrent à Jérusalem pour
le présenter au Seigneur, 23 selon ce qui
est écrit dans la Loi : Tout premier-né
de sexe masculin sera consacré au
Seigneur. 24 Ils venaient aussi présenter
en offrande le sacrifice prescrit par la loi
du Seigneur : un couple de tourterelles
ou deux petites colombes.*
*25 Or, il y avait à Jérusalem un homme
appelé Syméon. C'était un homme juste
et religieux, qui attendait la Consolation
d'Israël, et l'Esprit Saint était sur lui.*
*26 L'Esprit lui avait révélé qu'il ne verrait
pas la mort avant d'avoir vu le Messie du
Seigneur. 27 Poussé par l'Esprit, Syméon
vint au Temple. Les parents y entraient
avec l'enfant Jésus pour accomplir
les rites de la Loi qui le concernaient.*
*28 Syméon prit l'enfant dans ses bras, et
il bénit Dieu en disant :*
*29 « Maintenant, ô Maître,
tu peux laisser ton serviteur s'en aller
dans la paix,
selon ta parole.*
30 Car mes yeux ont vu ton salut,
*31 que tu as préparé à la face de tous
les peuples :*
*32 lumière pour éclairer les nations
païennes,
et gloire d'Israël ton peuple. »*
*33 Le père et la mère de l'enfant
s'étonnaient de ce qu'on disait de lui.*

Quelques repères pour les catéchistes

Pour lire le texte

L'accomplissement d'une attente

Ce texte fait partie des récits de l'enfance : l'Annonciation (Lc 1,29-38), la Visitation (Lc 1,39-55), la naissance de Jean le Baptiste (Lc 1,57-66), la naissance de Jésus (Lc 2,1-21), et la présentation au Temple (Lc 2,22-35). À la lumière de la Résurrection, Luc présente la plénitude du Christ enfant, le mystère de Jésus, Fils de Dieu. Luc appelle Jésus « le Salut » (Lc 2,30), le Sauveur.

Joseph et Marie se soumettent à la Loi : ils présentent Jésus au Temple et opèrent le rachat du premier-né en vue du rachat des suivants. Jésus devient fils du peuple d'Israël. Le texte souligne trois fois cette obéissance à la Loi (Lc 2,23-24). Syméon, poussé par l'Esprit, va au Temple : il part à la rencontre d'un nouveau-né pour lui rendre grâce. C'est un homme plein d'espérance qui est dans l'attente d'une révélation. C'est une attente fervente et nourrie de la Parole de Dieu. Le vieillard reconnaît dans ce tout petit enfant l'envoyé du Seigneur, celui qui est le « salut de Dieu », Jésus le Sauveur. Il est bien celui que le peuple juif attend et espère depuis des siècles. Syméon reconnaît dans cet enfant la lumière pour toutes les nations. Il est l'attente des croyants d'Israël en la venue d'un Messie qui consolera son peuple.
Cette rencontre bouleverse Syméon et sa prière exprime la radicalité de cette révélation (Lc 2,29-32) : il peut désormais aller en paix, ses yeux ont vu le salut de Dieu, lumière pour tous. Jésus est le salut offert à tous et non seulement à Israël : sa mission est universelle.

Le Nunc Dimitis

Ce cantique de Syméon, le *Nunc Dimitis*, est récité à l'office des complies, le dernier office du soir. Le nom de cette prière lui vient de ses deux premiers mots en latin dont le sens est « Maintenant, tu laisses partir ».
Laissons-nous guider par Origène (3e siècle) pour entrer dans le sens de ce cantique :
« Considérez comment, à l'avance, tout a été ordonné pour que Syméon ait mérité de tenir le Fils de Dieu. D'abord, l'Esprit Saint lui avait

Étape 2
« Mes yeux ont vu ton salut »

assuré qu'il ne verrait pas la mort avant d'avoir vu le Christ du Seigneur.
Puis ce n'est pas par hasard et de façon banale qu'il est entré dans le Temple : il vient au Temple poussé par l'Esprit, "car tous ceux qui sont conduits par l'Esprit de Dieu sont fils de Dieu" (Rm 8,14). L'Esprit Saint le conduit donc dans le Temple. Toi aussi, si tu veux tenir Jésus, le serrer dans tes bras et te montrer digne de sortir de prison, fais tous ces efforts afin d'avoir l'Esprit pour guide et venir au Temple de Dieu. Et voici que, maintenant, tu te tiens dans le Temple du Seigneur Jésus, c'est-à-dire dans son Église, le temple "bâti de pierres vivantes" (1 P 2, 5). Tu te tiens dans le temple de Dieu quand ta vie et ta manière d'être sont vraiment dignes d'être appelées "L'Église".
Si c'est "en esprit" que tu es "venu au temple", tu trouveras le petit enfant Jésus, tu l'élèveras dans tes bras et tu diras : "Maintenant, Seigneur, c'est en paix que tu laisses s'en aller ton serviteur." [...]
Donc, afin que nous aussi, debout dans le Temple et le Fils de Dieu serré dans nos bras, nous soyons dignes d'être délivrés et de partir vers un monde meilleur, prions le Dieu tout-puissant, prions aussi le petit enfant Jésus lui-même avec qui nous désirons nous entretenir, en le tenant dans nos bras, lui "à qui appartiennent la gloire et la puissance pour les siècles des siècles. Amen" (1 P 4, 11) »

L'évangile selon Luc commenté par les Pères, coll. « Les Pères dans la foi », Éditions Migne, Paris, 1987. www.migne.fr

Comment en parler avec les jeunes ?

Cette scène se déroule dans le Temple, lieu central de la vie de tout Juif. Or, Marie et Joseph sont de fervents Juifs et viennent obéir à la Loi du peuple juif qui implique de présenter leur fils premier-né au Seigneur. Ce geste s'inscrit dans la tradition de ce peuple.
Syméon est un homme âgé, que l'on peut qualifier de « prophète » car il est inspiré par l'Esprit de Dieu, l'Esprit Saint. C'est un homme juste qui écoute la Parole de Dieu qui promet la venue d'un Sauveur. Il a reçu un appel, et jusque dans la vieillesse, vit dans l'attente d'une révélation. Il est tenu par cette espérance qui habite toute sa vie, placée sous le signe de l'Esprit Saint. Toute sa foi repose sur sa confiance en Dieu.
Le personnage central ne serait-il pas l'Esprit Saint ? Il conduit la vie de Syméon et l'amène à reconnaître en ce petit enfant l'Espérance de tout un peuple, « la lumière des nations », le sauveur. Avec lui, l'Espérance a un nom : c'est Jésus, le Messie.

À la suite de Syméon, nous pouvons inviter les jeunes à se rendre disponibles à l'Esprit qu'ils ont reçu au baptême, dans la prière, l'écoute et la lecture de la Parole de Dieu, la vie en Église et les sacrements.
Chacun est invité à accueillir Jésus comme Syméon, entre ses bras, au cœur de sa vie. Dieu est celui qui se donne en aimant et qui donne sens à toute vie. Cet amour est une promesse : tout homme est sauvé par le Christ. Cette Espérance est une lumière qui éclaire notre vie, nos choix et nos actes.

Enjeu de l'étape 2 « Mes yeux ont vu ton salut »

Avec l'expression de foi de Syméon, les jeunes découvriront que l'espérance a un nom : Jésus Christ. Ils réaliseront que leur propre vie peut s'ancrer en lui pour trouver sa vérité

Objectifs

- S'exprimer sur ce qu'est l'espérance
- Recevoir le témoignage d'une personne sur l'espérance
- Avec le cantique de Syméon, découvrir que l'espérance chrétienne est une personne : Jésus Christ

Intervenant

- Avant la rencontre, convier une personne de plus de 60 ans à venir témoigner de l'espérance qui a conduit sa vie

Matériel

- Le livret jeune
- Une grande feuille ou un tableau
- De quoi dessiner ou peindre

DVD

- La vidéo « Qu'est-ce tu espères ? »

Chant

- Prophète de l'espérance, n° 6

Déroulement

1er pas

- Se souvenir ensemble de l'étape précédente en s'aidant de l'étape 1 à la p. 30 du livret jeune (a. 2 ; b. 2 : c. 3 ; d. 1 et 3).
- Faire un brainstorming à partir du mot « espérance ». S'aider du livret jeune pp. 4-5.
- Regarder la vidéo « Qu'est-ce que tu espère ? » DVD. Poser la même question aux jeunes.
- Le catéchiste fait une synthèse en mettant en valeur les points communs et les particularités de ce qui aura été exprimé.

2e pas

- Lire le texte (Lc 2,22-32) p. 10.
  - Où se déroule la scène ?
  - Qui sont les personnages ?
  - Quelle est l'attitude des parents de Jésus ?
  - Quel est le personnage principal ?
- S'aider des pp. 10-11 pour répondre aux questions et comprendre le texte.

L'Esprit Saint joue ici un rôle primordial : tout ce que Luc dit de Syméon est relié à l'Esprit. C'est avec et grâce à lui que Syméon reçoit Jésus dans ses bras et le reconnaît comme le Messie qui viendra éclairer le monde païen.

- Quelle est l'espérance de Syméon ?

Attirer l'attention des jeunes sur le fait que les paroles de Syméon sont à la fois une révélation (Jésus est Lumière des nations v. 32) et une bénédiction (Syméon bénit Dieu v. 28).

- Quel personnage vous attire le plus ?

- Le catéchiste demande aux jeunes si, après avoir découvert l'espérance de Syméon, ils souhaitent ajouter quelques mots ou expressions au brainstorming sur l'espérance.

3e pas

- Deux propositions : elles visent à interroger un aîné (grands-parents, voisins) qui comme Syméon a déjà une grande expérience de la vie, et peut parler de l'espérance qui l'a guidé pendant sa vie.
  - Proposer aux jeunes de bâtir une enquête à mener dans la famille ou le voisinage auprès des grands-parents ou de quelqu'un de leur génération.

Étape 2
« Mes yeux ont vu ton salut »

Préparer des questions pour conduire cette enquête sur l'espérance (on peut s'aider des questions posées au témoin). Mettre en commun à la rencontre suivante.

- Écouter le témoignage d'un chrétien sur l'espérance.

Avant la rencontre, le catéchiste aura pris soin de préparer la rencontre avec le témoin en lui proposant de lire le texte de Luc et en lui posant quelques questions : Dans quel personnage vous reconnaissez-vous ? Qu'est-ce qui vous a donné confiance dans votre vie ? Qu'est-ce qui vous a permis de garder l'espérance malgré les difficultés ? Qu'est-ce qui est essentiel pour vous et que vous pensez bon de nous transmettre ?

- À la fin de cette démarche, le catéchiste demande aux jeunes ce qu'ils retiennent de cette rencontre avec le témoin et leur propose à nouveau de l'ajouter au brainstorming.

4e pas

- L'équipe se met d'accord pour choisir une expression artistique sur l'espérance (on peut partir de l'un des mots du brainstorming) : un graphe, une fresque, un sketch, ou une lettre à une personne de leur choix (si l'équipe choisit d'écrire une lettre, chaque jeune l'écrira dans son livret p. 29. Sinon, chacun y écrira quelques mots du brainstorming.)
- Observer la mascotte pp. 10-11 et donner l'avis de Gabriel.

L'avis de Gabriel : Avec Syméon, est révélé à tous le grand projet de Dieu : que tout homme soit sauvé. Espérer c'est se laisser conduire par l'Esprit pour voir en Jésus la lumière qui éclaire toute vie.

5e pas

- Tracer le signe de croix.
- Dire ensemble le cantique de Syméon à la p. 10 du livret jeune.
- Proposer aux jeunes de dire quelques mots d'espérance du brainstorming.

Seigneur, fais grandir en chacun de nous l'espérance.

- Prier avec le dizainier à la manière de la première étape.
- Chanter « Prophète de l'espérance ».
- Tracer le signe de croix.
- Proposer un temps personnel en prenant le livret jeune p. 22, étape 2.
- Inviter les jeunes à rester dans le silence et la prière. Le catéchiste lit la phrase de Luc : « Mes yeux ont vu ton salut ». Après un temps de silence, lire la question : « L'espérance de Syméon c'est Jésus. Et toi, qu'est-ce qui te donne de l'espérance ? »
- Après un temps de silence, proposer aux jeunes d'écrire leur réponse dans leur livret p. 22.

Rappeler aux jeunes de prier chez eux avec le dizainier pendant la semaine.

Étape 3 « Faites tout ce qu'il vous dira »

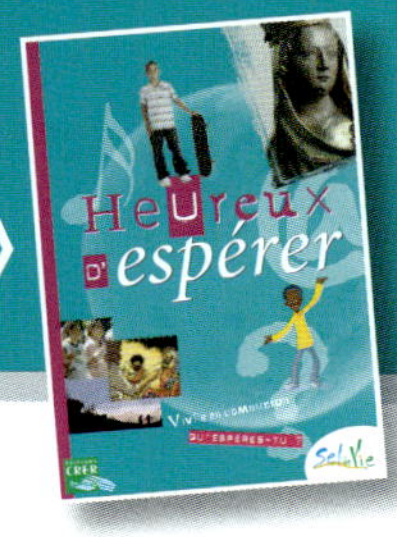

Le texte biblique

Les noces de Cana Jn 2,1-12

*[1]Il y avait un mariage à Cana en Galilée.
La mère de Jésus était là. [2]Jésus aussi
avait été invité au repas de noces avec
ses disciples.
[3]Or, on manqua de vin ; la mère de
Jésus lui dit : « Ils n'ont pas de vin. »
[4]Jésus lui répond : « Femme, que me
veux-tu ? Mon heure n'est pas encore
venue. » [5]Sa mère dit aux serviteurs :
« Faites tout ce qu'il vous dira. » [6]Or, il
y avait là six cuves de pierre pour les
ablutions rituelles des Juifs ; chacune
contenait environ cent litres. [7]Jésus dit
aux serviteurs : « Remplissez d'eau les
cuves. » Et ils les remplirent jusqu'au
bord. [8]Il leur dit : « Maintenant, puisez,
et portez-en au maître du repas. » Ils lui
en portèrent. [9]Le maître du repas goûta
l'eau changée en vin. Il ne savait pas
d'où venait ce vin, mais les serviteurs
le savaient, eux qui avaient puisé l'eau.
[10]Alors le maître du repas interpelle le
marié et lui dit : « Tout le monde sert le
bon vin en premier, et, lorsque les gens
ont bien bu, on apporte le moins bon.
Mais toi, tu as gardé le bon vin jusqu'à
maintenant. »
[11]Tel fut le commencement des signes
que Jésus accomplit. C'était à Cana en
Galilée. Il manifesta sa gloire, et ses
disciples crurent en lui. [12]Après cela,
il descendit à Capharnaüm avec sa
mère, ses frères et ses disciples, et ils
y restèrent quelques jours.*

Quelques repères pour les catéchistes

Pour lire le texte

Le banquet du Royaume

Tous les peuples entourent le mariage de rites et de festivités où abondent nourriture et danses. C'est un événement personnel souvent exprimé dans la vie sociale par la fête et la joie. L'Ancien et le Nouveau Testament ont tiré de ces réalités familières de nombreux symboles accessibles à tous pour mieux comprendre l'amour de Dieu et le salut annoncé pour tous les hommes. Les prophètes ont ainsi parlé de Dieu comme de l'époux fidèle de son peuple Israël (Os 1-3) ; ils évoquent le bonheur de la venue du Messie, donc du Sauveur, par l'image d'un festin (Is 25,6).
Le Nouveau Testament reste fidèle à cette tradition. Dans l'évangile selon saint Matthieu (Mt 22,1-14), Jésus donne du royaume des cieux l'image d'un festin de noces auquel tous sont conviés sans discrimination, à la seule condition de s'y être préparés (la robe nuptiale symbolise la conversion des cœurs). Paul aime à présenter le Christ sous la figure d'un époux aimant l'Église (2 Co 11,2), déjà suggérée par Marc (Mc 2,19-21). On retrouve également ces thèmes dans l'Apocalypse de Jean (Ap 19,7-9) où sont évoquées les noces de l'agneau (Jésus Christ) et de son épouse (l'Église). On conçoit dès lors que le récit des noces de Cana où Jésus change l'eau en vin, apparaisse comme chargé de signification : il préfigure le banquet du royaume de Dieu où se boit le vin nouveau et évoque le Christ époux.

Pour lire le texte de Jn 2,1-12, il est important de comprendre la démarche de l'évangéliste : par son Incarnation Jésus vient révéler les mystères de Dieu aux hommes : Jésus est le témoin de son Père. Il le révèle et annonce le Salut à tous les hommes. Cana préfigure l'Alliance définitive que Dieu scelle avec les hommes par le don de la vie de son Fils Jésus. Lors du dernier repas partagé avec ses disciples, Jésus livre son corps et donne sa vie, pour que la mort n'ait plus jamais le dernier mot. Autour de la table, le vin nouveau est consommé : il révèle le don de la vie de Dieu en abondance, promesse de vie éternelle. Les signes accomplis par Jésus dépassent les réalités humaines pour manifester la présence de Dieu.

Étape 3
« Faites tout ce qu'il vous dira »

Pour faire comprendre que Jésus est bien l'envoyé de Dieu, Jean a souvent recours aux symboles. Il s'appuie ici sur le récit d'un simple repas de noce pour révéler la gloire de Jésus.
Ce récit doit être regardé du point de vue de la foi, non comme un miracle, mais bien plus comme le signe annonciateur des temps messianiques : Jésus, Dieu fait chair, rejoint les hommes pour les sauver.

Que signifie ce récit ?

« Ils n'ont pas de vin », cette négation « pas » est intentionnelle car les participants aux noces n'ont jamais connu le vin nouveau donné par Jésus. L'eau et les cuves sont les symboles de la loi juive. Jésus a donc changé l'eau destinée aux purifications des Juifs. Cette eau a disparu, suggérant de manière symbolique la disparition des rites juifs, qui ne serviront plus pour la sanctification. Jésus ne vient pas abolir tous les préceptes de la loi, il vient les accomplir par sa propre personne puisqu'il est Dieu fait chair. Ce vin réservé à la fête dans l'Ancien Testament, préfigure avec Jésus le dernier repas où le vin est le sang versé pour le salut de la multitude. Il est l'accomplissement de l'attente eschatologique et comme tout festin, il est abondant.
Jésus ne remplit pas lui-même les cuves mais le demande aux serviteurs, après que Marie leur ait recommandé de faire « tout ce qu'il dira ». Marie est celle qui rend possible l'accueil de la nouveauté ; comme Israël a adhéré à l'Alliance en Ex 19,8 « Tout ce que le Seigneur nous a dit, nous le mettrons en pratique ». Marie renouvelle cette adhésion en désignant son fils. C'est par elle que le festin entre Dieu et l'humanité peut continuer. Comme le peuple d'Israël renouvelle son Alliance avec Dieu au Sinaï (Ex 24,7) et à Sichem (Jos 24,21-24), Marie est la figure du peuple qui répond pleinement à l'Alliance et par qui est possible l'accomplissement de la promesse en Jésus, Yéchoua, c'est-à-dire le nouveau Josué.
Elle sait qui il est et ce qu'il est venu accomplir. Elle lui fait confiance et espère en lui. Elle invite les serviteurs à entrer dans cette confiance et cet abandon « Mon heure n'est pas venue », c'est à la croix, seul épisode où la « mère de Jésus » sera à nouveau présente, que tout s'accomplira. L'événement de Cana est donc une préfiguration du salut.
La figure de la « mère de Jésus », représente ici la communauté croyante. C'est encore elle qui, à la croix, formera avec le disciple bien-aimé l'embryon de la nouvelle communauté des disciples de Jésus. Jean (l'évangéliste) ne nomme jamais Marie par son prénom, elle est la mère de Jésus. Elle représente le peuple de l'Alliance, l'épouse du Seigneur dans l'Alliance et selon la symbolique conjugale d'Osée au chapitre 2 et du cantique du Cantique.

Comment en parler avec les jeunes ?

Ce texte raconte le premier signe extraordinaire que Jésus accomplit. Il serait intéressant d'amener les jeunes à s'interroger sur ce que l'auteur a voulu dire de l'espérance en Jésus Christ. Certes, Jésus réalise un prodige mais pour les Juifs présents, surtout les disciples qui ont vu ce que Jésus a fait, qu'est-ce que cela peut bien vouloir dire ? Utiliser l'eau des ablutions pour la changer en un bon vin est un acte scandaleux. Jésus est lui-même le vin nouveau qui accomplit les Écritures. Notre espérance c'est Jésus, il est notre salut puisqu'il est lui-même Dieu fait chair — mystère qui n'est pas recevable pour les Juifs.
Marie a un rôle déterminant dans ce récit. Elle désigne aux serviteurs, (elle nous désigne) le Christ comme étant « le chemin, la vérité, la vie » - « Faites tout ce qu'il vous dira » car lui seul connaît la volonté de son Père. La mère de Jésus est aussi notre mère, celle qui nous montre son Fils, celle qui nous entraîne sur le chemin de la foi. Même dans les moments les plus douloureux, comme au Golgotha, Marie est présente et espère en lui. Depuis l'Annonciation, elle sait qu'il est l'Emmanuel. L'Esprit du Seigneur l'accompagne jusqu'à la mort sur la croix.

Enjeu de l'étape 3 « Faites tout ce qu'il vous dira »

En contemplant Marie aux côtés de Jésus, les jeunes découvriront que l'espérance est une attitude. Cette manière d'être et de vivre conduit à des choix. Ils essaieront d'en nommer quelques-uns

Objectifs

- En observant l'attitude de Marie, découvrir l'espérance donnée par le Christ
- Découvrir que l'espérance conduit à des attitudes, des choix, des actes

Matériel

- Le livret jeune
- Une silhouette par personnages (*cf.* Supplément du catéchiste)
- Une nappe en papier ou une grande feuille
- De quoi écrire

DVD

- La vidéo « À la découverte de Jésus »

Chant

- Marie, témoin d'une espérance, n° 4

Déroulement

1er pas

- Se souvenir de l'étape précédente en s'aidant de l'étape 2 à la p. 30 du livret.
- Installer la nappe en papier ou la grande feuille sur la table.
- Lire le texte de Jn 2,1-11, livret jeune p. 12.
- Repérer les personnages dans le texte (Jésus, la mère de Jésus, les disciples, les serviteurs, le maître du repas, le marié, les invités).
- Écrire les noms des personnages sur les silhouettes.
- Symboliser le cadre de la scène (mariage, table pour les invités, *etc.*) sur la nappe.
- Se mettre d'accord sur les personnages présents au début du récit ainsi que sur les lieux.
- Attribuer les personnages aux jeunes. Chaque jeune manipule un personnage, ou un groupe de personnages. Si des jeunes n'ont pas de personnages, ils sont observateurs, et regardent la scène de leur point de vue. (Que remarquent-ils ? Comment la scène évolue-t-elle ?)
- Le catéchiste relit lentement le récit. Dès qu'il y a un changement, il interrompt la lecture.
- On peut faire une pause dans la lecture aux versets 2 ; 5 ; 7 ; 9 ; 10.
- Pour chaque pause et changement dans le texte, l'équipe discute sur la façon de représenter ce changement, sa signification et son importance. Poser alors les personnages.

> *Favoriser le dialogue et l'expression des points de vue pendant cet échange. Il permet aux jeunes de prendre conscience de ce qu'apportent les uns ou les autres à la compréhension du texte. Attention à toujours confronter ce qui est dit du récit avec la façon dont le récit dit les choses.*

2e pas

- Demander aux jeunes ce qu'ils ont découvert avec cette manipulation. Reprendre le point de vue de certains personnages en s'aidant du livret jeune pp. 12-13.

> - Marie : Quelle est la place de Marie ? Avec qui parle-t-elle dans le récit ? Pourquoi dit-elle : « Quoiqu'il vous dise faites-le » ? Que nous donne-t-elle comme espérance ?

Le catéchiste mettra en valeur le rôle de Marie qui prépare les personnes à ce que va faire et dire son Fils.

> - Jésus : Quand et à qui parle-t-il ? Qu'a-t-il réalisé ? Pourquoi a-t-il fait cela ? Quelle espérance nous donne-t-il ?

- Visionner la vidéo « À la découverte de Jésus » DVD. Inviter les jeunes à réagir à partir des questions suivantes :

> - Comment Marie accueille-t-elle la vie, les paroles et les actes de son fils ?
> - Qu'est-ce qui vous paraît porteur d'espérance ?

Étape 3 « Faites tout ce qu'il vous dira »

3e pas

• Le catéchiste dit : « Marie dit aux serviteurs : Faites tout ce qu'il vous dira. Et si Marie nous posait cette question que répondrions-nous ? »

• Citer quelques paroles de Jésus qui nous invitent à agir : inviter les jeunes à se souvenir de quelques paroles qu'ils connaissent et sinon leur en proposer quelques-unes. Par exemple « Aimez-vous les uns les autres » Jn 13,34, « J'étais un étranger et vous m'avez accueilli... J'étais malade et vous m'avez visité » Mt 25,35-36, « Pardonnez à ceux qui vous ont offensés » Mt 6,12, « Tout ce que vous voulez que les autres fassent pour vous, faites-le aussi pour eux » Mt 7,12, « Ne craignez pas » Mt 10,26...
Attention à ne pas détourner le sens des passages cités.

• Inviter les jeunes à donner des exemples concrets exprimant comment l'espérance chrétienne peut prendre acte au quotidien.

• Observer la mascotte pp. 12-13 et donner l'avis de Gabriel.

> **L'avis de Gabriel : Marie nous montre que l'espérance s'appuie sur la confiance. Avec Jésus s'accomplit le passage de l'ancienne à la nouvelle Alliance. Avec lui, le salut est pour chacun d'entre nous et il est annoncé comme un festin où chaque invité sera comblé.**

4e pas

• Proposer un temps personnel en prenant le livret jeune aux pp. 22-23, étape 3.

• Inviter les jeunes à faire silence avant de répondre à la question du livret. Pour les aider à faire silence vous pouvez les guider paisiblement :

> - Se mettre à l'aise et se détendre, s'installer dans une bonne position.
> - Penser à la scène du banquet. Imaginer la fête et les invités, le marié et le maître du repas, les serviteurs s'affairent pour que les noces soient réussies, Jésus s'adresse aux serviteurs, Marie interpelle Jésus.

• Puis lire dans le livret jeune le verset de Jean : « Sa mère dit au serviteur : "Faites tout ce qu'il vous dira" ». Après un temps de silence, lire la question : « Quelle espérance te donne le texte de saint Jean ? ».

• Là encore, après un temps de silence, proposer aux jeunes d'écrire leur réponse dans l'espace prévu dans leur livret.

• Fermer le livret, se lever tranquillement pour tracer le signe de croix.

• Chanter « Marie, témoin d'une espérance ».

• Prier avec l'Angélus dans le livret jeune p. 26.

• Reprendre le chant.

Rappeler aux jeunes de prier chez eux avec le dizainier pendant la semaine.

Étape 4
« Voici ta mère »

Le texte biblique

Marie au pied de la croix [Jn 19,25-30]

*25 Or, près de la croix de Jésus se tenait
sa mère, avec la sœur de sa mère,
Marie femme de Cléophas, et Marie
Madeleine. 26 Jésus, voyant sa mère, et
près d'elle le disciple qu'il aimait, dit à sa
mère : « Femme, voici ton fils. » 27 Puis
il dit au disciple : « Voici ta mère. » Et
à partir de cette heure-là, le disciple la
prit chez lui.*

*28 Après cela, sachant que désormais
toutes choses étaient accomplies,
et pour que l'Écriture s'accomplisse
jusqu'au bout, Jésus dit : « J'ai soif. »
29 Il y avait là un récipient plein d'une
boisson vinaigrée. On fixa donc une
éponge remplie de ce vinaigre à une
branche d'hysope, et on l'approcha de
sa bouche. 30 Quand il eut pris le vinaigre,
Jésus dit : « Tout est accompli. » Puis,
inclinant la tête, il remit l'esprit.*

Quelques repères pour les catéchistes

Pour lire le texte

Jean et Marie

Les récits de la passion et de la mort du Christ se trouvent dans les chapitres 18 et 19 de l'évangile selon saint Jean. Ils se situent juste après les grands discours de Jésus lors de son dernier repas. Jésus délivre son testament. Jean, le disciple que Jésus aimait était déjà tout proche. Il se penche sur la poitrine de Jésus (Jn 13,25) et lui demande qui est sur le point de le livrer. Ce disciple a su écouter battre le cœur de son maître, son cœur plein d'amour pour le monde et pour chacun d'entre nous.

Dans l'évangile selon saint Jean, Marie apparaît deux fois : à Cana Jn 2,1-12 (*cf.* étape 3) et au pied de la croix (Jn 19,25-30). Chaque fois, Jésus emploie le même vocable : « femme ».

À la croix, Marie reste silencieuse. Elle ne prend la parole qu'à Cana « Faites tout ce qu'il vous dira » (Jn 2,5). Dans ce passage, à la demande de Marie, Jésus avait répondu : « Femme, mon heure n'est pas encore venue. » Cette heure est maintenant arrivée. « L'heure » est un thème central chez Jean. La TOB précise « le mot "heure" désigne généralement le moment de la manifestation de la gloire divine de Jésus ; il s'agit le plus souvent de l'heure de la croix en tant qu'elle marque le passage dans la gloire. » (note x de Jn 2,4, TOB, Éditions du Cerf et Société Biblique Française, 1988)

« Voici ton fils - Voici ta mère » Jn 19,26-27

Jésus confie Marie à Jean et Jean à Marie. Dès le départ, Marie fait partie de ces croyants juifs qui attendent le salut. Chaque fois que nous voyons Marie dans l'Évangile, elle donne son témoignage de foi, même si elle ne comprend pas tout le temps ce qui se passe. Jésus la surprend, mais elle continue son pèlerinage de foi. « Sa mère retenait tous ces événements dans son cœur » (Lc 2,51). Par cette attitude, Marie est le modèle de la foi, le modèle des croyants. Elle est mère des croyants parce qu'elle a cru elle-même jusqu'au bout.

« Voici ta mère ». Tout disciple est celui qui fait la volonté de Dieu. Tout disciple est, comme Jean, un croyant invité à prendre Marie chez lui. Marie devient aussi sa mère. Marie est mère de l'Église.

Comment en parler avec les jeunes ?

Ce passage de l'évangile selon saint Jean est un texte important pour notre foi chrétienne. Jésus va jusqu'au bout, il donne sa vie pour nous sur la croix pour que s'accomplisse le projet de Dieu : « Tout est accompli » Jn 19,30.

Parmi ceux qui ont suivi Jésus lors de sa vie publique peu sont au pied de la croix. Marie est là avec Jean, le disciple bien-aimé. Sa place est vitale.

Étape 4
« Voici ta mère »

À la croix, elle ne dit rien et pourtant c'est là qu'elle nous est donnée pour mère, mère des croyants, mère de l'Église. C'est au plus fort de la souffrance que Jésus nous donne sa mère. Dans les situations difficiles, nous ne manquerons pas de l'appeler à venir près de nous. Femme, comme toutes les femmes, elle peut nous garder dans la confiance et nous guider vers son fils.

Elle nous invite à faire ce que Jésus demande. Marie est celle qui accepte et fait la volonté de Dieu. « Je suis la servante du Seigneur » (Lc 1,38) a-t-elle répondu à l'ange Gabriel à l'Annonciation. Jésus dira plus tard : « Quiconque fait la volonté de Dieu, ceux-là sont ma mère, mes frères » (Mc 3,31).

Cette image de Marie au pied de la croix résonne fortement avec de nombreux épisodes de l'Évangile où Jésus est proche de ceux qui souffrent, les réconforte, les sauve du gouffre de la souffrance et de la mort. Là aussi, Dieu se révèle, tenant la main du plus faible. Dans « Oscar et la dame rose » d'Éric-Emmanuel Schmitt, Oscar s'étonne de découvrir un Dieu cloué sur la croix, nu et blessé, aussi maigre que lui au cœur de sa maladie. À ses interrogations, Mamie Rose répond par une question : « Réfléchis, Oscar. De quoi te sens-tu le plus proche ? D'un Dieu qui n'éprouve rien ou d'un Dieu qui souffre ? » (E.-E. Schmitt, *Oscar et la dame rose*, Éditions Albin Michel, Paris, 2002, p. 63).

Enjeu de l'étape 4 « Voici ta mère »

En contemplant Marie, présente à la mort de son fils, les jeunes découvriront que Jésus, en confiant sa mère à Jean, nous la donne aussi comme mère

Objectifs

- Découvrir que l'espérance chrétienne est une force pour traverser les passages difficiles de la vie
- Découvrir que Marie, notre Mère, peut nous soutenir dans l'épreuve

Matériel

- Le livret jeune
- Un fond musical

DVD

- Le clip « Tu fais ta demeure en nous Seigneur »

Chant

- Marie, témoin d'une espérance, n° 4

Déroulement

1er pas

- Se souvenir ensemble de l'étape précédente en s'aidant de l'étape 3 aux pp. 30-31 du livret jeune.
- Lire le texte de Jean dans le livret jeune pp. 14-15.
- Comment Marie est-elle présentée ? S'aider du livret jeune pp. 14-15. Quelle est l'attitude de Marie à la croix ? Observer la mosaïque et décrire l'expression de Marie.
- Que signifient les paroles de Jésus à sa mère : « Voici ton fils » et à Jean : « Voici ta mère » ? S'aider encore de la mosaïque pour susciter l'expression des jeunes puis lire dans le livret jeune p. 14 « Comment lire le texte ? » et « Le disciple que Jésus aimait ».
- À votre avis, pourquoi Jésus confie-t-il Jean à sa mère et sa mère à Jean ? Lire le paragraphe « Tout est accompli ». Le catéchiste dit : « En confiant Jean à sa mère, Jésus confie toute l'Église à Marie. »
- Alors qui est Marie pour nous aujourd'hui ?

2e pas

- Dans le livret jeune pp. 4-5, rechercher les situations de souffrance, regarder aussi les événements de l'actualité.
- Discuter de ces situations. Se demander : comment peut-on traverser des moments

difficiles, qu'est-ce qui peut nous aider à ces moments-là ?

Le catéchiste sera attentif à leur manière de chercher du réconfort et mettra en évidence l'importance des amis, de la famille, de l'équipe de caté, de l'Église par la prière, les sacrements et la fraternité. Relever l'importance à ces moments-là de la fidélité, comme Marie. Mettre en évidence le fait que l'espérance ne gomme pas la souffrance mais aide à la traverser.

- Leur demander d'entourer le témoignage qui leur parle le plus et dire pourquoi.
- Dans le livret jeune p. 25, relever dans la prière de saint Bernard « Marie, étoile de la mer » les mots et les expressions qui montrent comment Marie est signe d'espérance.
- Regarder la mascotte pp. 14-15 et donner l'avis de Gabriel.

> **L'avis de Gabriel : Avec Marie au pied de la croix, nous reconnaissons que notre vie est faite de joie et de souffrance. Par amour pour nous, Dieu a donné son Fils pour nous sauver. Au cœur de la souffrance Dieu est encore là, tout proche de celui qui souffre. Nous recevons Marie comme la mère de l'Église, comme notre mère.**

3e pas

- Former quatre équipes. Chaque équipe est un groupe de journalistes qui préparent un reportage sur Marie et partent avec une mission spéciale : rédiger un article sur l'un des thèmes suivants :

> - Comment décrirais-tu Marie à quelqu'un qui ne la connaît pas ?
> - Présente les grands moments de la vie de Marie.
> - Quelle relation Jésus a-t-il avec sa mère ?
> - Et aujourd'hui qu'en est-il de Marie ?

- Chercher dans toutes les rubriques du livret jeune des éléments pour enrichir les articles.
- Avant la rédaction définitive, mettre en commun les recherches. Amener chaque équipe à réagir aux travaux des autres équipes. Chaque équipe finit ensuite de réaliser son reportage.

Prendre le temps d'écrire chaque article dans le livret jeune p. 28.

4e pas

- Visionner le clip et apprendre le chant « Tu fais ta demeure en nous Seigneur » DVD.
- Inviter les jeunes à la prière.
- Tracer le signe de croix.
- Chanter « Marie, témoin d'une espérance ».
- Contempler la reproduction de « La madone au messie » d'Arcabas p. 9.
- Sur un fond musical, lire lentement la deuxième partie de la méditation p. 8 « Toi de qui est né le soleil ».
- Rester dans le silence et la prière puis prendre le livret jeune pp. 22-23. Lire la phrase de Jean « Or, près de la croix de Jésus se tenait sa mère, avec la sœur de sa mère, Marie femme de Cléophas, et Marie Madeleine. »
- Après un moment de silence poser la question du livret : Crois-tu que Marie puisse te réconforter ?

Seigneur, fais grandir en nous, l'amour.

Confie à Marie des personnes de ton entourage qui souffrent ou rencontrent des difficultés.

- Chanter « Je vous salue Marie » ou dire ensemble un dizainier.
- Visionner le clip et chanter « Tu fais ta demeure en nous Seigneur » DVD.
- Conclure par le signe de croix.

> Rappeler aux jeunes de prier chez eux avec le dizainier pendant la semaine.

Étape 5

« Notre cœur n'était-il pas tout brûlant ? »

Le texte biblique

Sur le chemin d'Emmaüs [Lc 24,13-35]

Le troisième jour après la mort de
Jésus, 13 deux disciples faisaient route
vers un village appelé Emmaüs, à deux
heures de marche de Jérusalem, 14 et
ils parlaient ensemble de tout ce qui
s'était passé.
15 Or, tandis qu'ils parlaient et discutaient,
Jésus lui-même s'approcha, et il marchait
avec eux. 16 Mais leurs yeux étaient
aveuglés, et ils ne le reconnaissaient
pas. 17 Jésus leur dit : « De quoi causiez-
vous donc, tout en marchant ? » Alors,
ils s'arrêtèrent, tout tristes. 18 L'un des
deux, nommé Cléophas, répondit : « Tu
es bien le seul de tous ceux qui étaient
à Jérusalem à ignorer les événements
de ces jours-ci. » 19 Il leur dit : « Quels
événements ? » Ils lui répondirent : « Ce
qui est arrivé à Jésus de Nazareth : cet
homme était un prophète puissant par
ses actes et ses paroles devant Dieu et
devant tout le peuple. 20 Les chefs des
prêtres et nos dirigeants l'ont livré, ils
l'ont fait condamner à mort et ils l'ont
crucifié. 21 Et nous qui espérions qu'il
serait le libérateur d'Israël ! Avec tout
cela, voici déjà le troisième jour qui
passe depuis que c'est arrivé. 22 À vrai
dire, nous avons été bouleversés par
quelques femmes de notre groupe. Elles
sont allées au tombeau de très bonne
heure, 23 et elles n'ont pas trouvé son
corps ; elles sont même venues nous
dire qu'elles avaient eu une apparition :
des anges, qui disaient qu'il est vivant.
24 Quelques-uns de nos compagnons
sont allés au tombeau, et ils ont trouvé
les choses comme les femmes l'avaient
dit ; mais lui, ils ne l'ont pas vu. »
25 Il leur dit alors : « Vous n'avez donc pas
compris ! Comme votre cœur est lent à
croire tout ce qu'ont dit les prophètes !
26 Ne fallait-il pas que le Messie souffrît
tout cela pour entrer dans sa gloire ? »
27 Et, en partant de Moïse et de tous les
Prophètes, il leur expliqua, dans toute
l'Écriture, ce qui le concernait.
28 Quand ils approchèrent du village où
ils se rendaient, Jésus fit semblant
d'aller plus loin. 29 Mais ils s'efforcèrent
de le retenir : « Reste avec nous : le
soir approche et déjà le jour baisse. »
Il entra donc pour rester avec eux.
30 Quand il fut à table avec eux, il prit
le pain, dit la bénédiction, le rompit
et le leur donna. 31 Alors leurs yeux
s'ouvrirent, et ils le reconnurent, mais
il disparut à leurs regards. 32 Alors ils
se dirent l'un à l'autre : « Notre cœur
n'était-il pas brûlant en nous, tandis qu'il
nous parlait sur la route, et qu'il nous
faisait comprendre les Écritures ? »
33 À l'instant même, ils se levèrent
et retournèrent à Jérusalem. Ils y
trouvèrent réunis les onze Apôtres
et leurs compagnons, qui leur
dirent : 34 « C'est vrai ! le Seigneur est
ressuscité : il est apparu à Simon-
Pierre. » 35 À leur tour, ils racontaient
ce qui s'était passé sur la route, et
comment ils l'avaient reconnu quand il
avait rompu le pain.

Quelques repères pour les catéchistes

Pour lire le texte

Du doute à la Révélation

L'évangile selon saint Luc rapporte trois récits des apparitions du Ressuscité :

- les femmes au tombeau (Lc 24,1-12)
- les disciples d'Emmaüs (Lc 24,13-35)
- l'apparition aux Onze (Lc 24,36-52).

Le récit d'Emmaüs se trouve au centre de ces trois rencontres.
Les apparitions se passent toutes le même jour : Lc 24,1 : « le premier jour de la semaine » ; Lc 24,13 : « ce même jour » ; Lc 24,33 : « à l'instant même ils partirent et retournèrent à Jérusalem ». « Ce même jour » dans la bible liturgique est traduit par « le troisième jour ».

Ce texte peut être découpé en trois parties :
- 24,13-18 : les deux disciples et Jésus (pris pour un étranger),
- 24,19-24 et 25-27 : le message pascal raconté par les disciples sur le témoignage des femmes (24,23) et la prise de parole du Christ partant des Écritures pour en donner le sens,
- 24,28-32 et 24,33-35 : les disciples le reconnaissent au partage du pain et repartent l'annoncer à Jérusalem aux autres disciples qui confirment : « c'est vrai le Christ est ressuscité ».

Les disciples sont abattus, leur espérance en ce prophète a été déçue. Cette déception transparaît dans les propos échangés avec l'inconnu qui les rejoint sur le bord du chemin. Ils quittent Jérusalem où les événements se sont passés. Ils tentent vainement de comprendre : « ils parlaient ensemble de tout ce qui s'était passé », ce tout fait référence aux chapitres précédents dans l'évangile selon saint Luc : la passion et la mort du Christ, leur maître, survenues trois jours auparavant.
Jésus s'approche et pourtant ils ne le reconnaissent pas. D'où vient leur cécité ?
La question de Jésus aide les disciples à raconter les événements des jours passés. Ils avaient foi en cet homme, « et nous qui espérions ». Ils attendaient un messie triomphant mais leur espérance a été déçue, Jésus a été crucifié, il est mort.
À partir du verset 21, les disciples relatent ce qui leur a été rapporté, mais ils ne croient pas encore. D'autres ont vu, mais eux n'ont pas encore fait l'expérience de la rencontre avec le Ressuscité. Le témoignage des autres n'est pas encore suffisant. Leurs yeux restent aveuglés. Le scandale de la croix est incompréhensible.

C'est vrai le Seigneur est ressucité

Jésus marche avec eux, sur la route et dans leur histoire. Il écoute leur déception et leur incrédulité face au témoignage des femmes. Il ouvre leur esprit à la compréhension des Écritures. Il est celui qui accomplit la Promesse.
« Reste avec nous » demandent les disciples à cet homme qui se révèle : Jésus entre et partage le pain... ils le reconnaissent. Chose étrange, c'est alors qu'il disparaît à leurs yeux : « leurs yeux s'ouvrirent et ils le reconnurent, mais il disparut à leurs regards. »
« Tant que Jésus n'est pas reconnu par la foi, dans et au-delà de la croix, il ne peut être perçu par leurs yeux. Guéris de leur doute et de leur déception par un pèlerinage aux Écritures sous la conduite de Jésus en personne, les disciples peuvent alors le reconnaître au partage du pain, mais aussitôt il disparaît à leurs yeux puisque la rencontre eucharistique est une rencontre dans la foi. » (Le Nouveau Testament est-il anti-juif ?, *Cahiers Évangile*, n° 108, p. 8, juin 1999, Paris, Éditions du Cerf)

L'annonce de la Bonne Nouvelle

« Tandis qu'il nous faisait comprendre les Écritures », met en relation le « cœur brûlant » (v. 32) avec l'interprétation des « Écritures ». Il s'agit là d'un thème fréquent dans le judaïsme pharisien où l'on explique un texte en citant les trois parties de la Bible hébraïque, la Torah, les Prophètes et les Écrits. Cette interprétation renouvelle l'expérience de la théophanie du Sinaï en Ex. 19 où Dieu s'était manifesté dans le feu. Cette exégèse qui consiste à « enfiler » les citations dans les trois parties de la Bible s'appelle le « collier » ou « hariza » (Midrash Cantique Rabba 1,10) :

Étape 5 « Notre cœur n'était-il pas tout brûlant ? »

« Tes joues sont belles au milieu des colliers, ton cou est beau au milieu des rangées de perles » (Cantique des Cantiques 1,10). Lorsque les Sages faisaient des colliers (Horezim) des paroles de la Torah, qu'ils passaient des paroles de la Torah aux Prophètes et des Prophètes aux Écrits, le feu flamboyait autour d'eux et les paroles devenaient joyeuses comme lorsqu'elles furent données sur le Sinaï : lorsqu'elles furent données depuis le mont Sinaï pour la première fois, ne furent-elles pas données dans le feu, comme il est dit : La montagne était en feu jusque dans les profondeurs du ciel ? (Dt 4,11). (*Sup. CE 50, Paraboles Rabbiniques*, p. 39)

Le but de la hariza est de manifester l'unité transcendante de toute la Torah. Cette unité est perçue comme un renouvellement de l'expérience du Sinaï et se manifeste ainsi dans le feu et dans la joie. Le procédé du collier est employé chaque fois que la communauté veut enseigner un point important de la foi d'Israël, par exemple la résurrection des morts.

À partir du verset 33, les disciples repartent à Jérusalem partager avec les autres l'expérience qu'ils viennent de vivre. Autant le chemin vers Emmaüs avait semblé long et pesant en début de texte, autant le retour vers Jérusalem est rapide. Les Onze confirment ce qu'ils viennent de vivre. Dès le début, la foi en Jésus ressuscité est partagée et reconnue par d'autres. Elle est d'emblée une expérience communautaire et vécue en Église. Le témoignage encourage les frères et les conforte dans leur foi ; la foi grandit quand elle est partagée.

Comment en parler avec les jeunes ?

Le second disciple

Ce récit est une porte ouverte sur l'espérance. Il rejoint notre humanité. Nous sommes souvent comme ces deux disciples qui marchent sans rien voir. L'un d'eux s'appelle Cléophas, l'autre n'a pas de nom. Ne serait-ce pas pour nous aider à entrer nous-mêmes dans le récit ? Nous sommes parfois ce second disciple dans la tristesse.

Regardons nos réactions quand nous sommes accablés de tristesse et de douleur. Notre regard se tourne vers le sol, nous ne pouvons plus voir au loin, mais juste « le bout de nos chaussures », les belles choses de la vie ne nous touchent même plus, rien est positif, l'expression « voir tout en noir » en dit long.

Le sens de la vie

« Si le Christ n'est pas ressuscité nous sommes les plus malheureux des hommes » (1 Co 15,20). Avec la Résurrection notre vie prend sens. Elle ne s'achève pas le jour de notre mort. Si le Christ est ressuscité, nous aussi, nous sommes appelés à ressusciter : telle est notre foi chrétienne, telle est notre espérance. La résurrection n'est pas un simple retour à la vie comme pour Lazare. La mort est comme une nouvelle naissance. Le Christ nous entraîne désormais à sa suite.

« Notre espérance est exigence d'une transformation historique de la vie… L'Espérance est comme le fer de lance de l'histoire qui conteste le présent pour y rendre l'avenir présent. Les chrétiens sont les témoins d'une promesse qui fait surgir du neuf dans l'histoire, qui lui donne un avenir possible. La théologie de l'espérance débouche sur une théologie de la mission de l'Église. Celle-ci doit anticiper ici-bas les possibilités d'avenir contenues dans l'événement Jésus Christ. » (*cf.* Jürgen Moltmann, art. « Théologie de l'espérance », Paris, Éditions du Cerf, 1970 ; « Christ est ressuscité », *Cahiers Évangile* n° 3, 1973, Paris, Éditions du Cerf)

L'espérance chrétienne a des bases solides en Christ ressuscité. Elle prend sens dans les Écritures et se réalise en Jésus Christ.

« Frères, nous proclamons que le Christ est ressuscité d'entre les morts ; alors, comment certains d'entre vous peuvent-ils affirmer qu'il n'y a pas de résurrection des morts ? Mais, s'il n'y a pas de résurrection des morts, le Christ, lui non plus, n'est pas ressuscité. Et si le Christ n'est pas ressuscité, notre message est sans objet, et votre foi est sans objet ; nous voilà reconnus comme de faux témoins de Dieu, pour avoir témoigné en contradiction avec Dieu en disant qu'il a ressuscité le Christ, alors qu'il ne l'a pas ressuscité s'il est vrai que les morts ne ressuscitent pas. Si les morts ne ressuscitent

pas, le Christ non plus n'est pas ressuscité. Et si le Christ n'est pas ressuscité, votre foi ne mène à rien, vous n'êtes pas libérés de vos péchés ; et puis, ceux qui sont morts dans le Christ sont perdus. Si nous avons mis notre espoir dans le Christ pour cette vie seulement, nous sommes les plus à plaindre de tous les hommes. Mais non ! Le Christ est ressuscité d'entre les morts, pour être parmi les morts le premier ressuscité ». (1 Co 15,12-20)

Enjeu de l'étape 5 « Notre cœur n'était-il pas tout brûlant ? »

Les questionnements et les certitudes des disciples interrogent notre propre foi. La parole de Dieu conduira les jeunes à se demander où est leur propre espérance et à confirmer sur quoi repose l'espérance chrétienne

Objectifs

- Découvrir l'espérance chrétienne à la lumière du récit d'Emmaüs
- Comme les disciples, reconnaître le Christ dans l'eucharistie

Il est conseillé de vivre une eucharistie dominicale avant ou après cette étape.

Matériel

- Une bible
- La frise *Parole de Dieu à travers les âges*, Éditions CRER
- Le jeu des 7 familles (*cf.* Supplément du catéchiste)

DVD

- Le clip « Tu fais ta demeure en nous Seigneur »

Chant

- Amis dans le Seigneur, n° 1 (*cf.* Heureux d'aimer)

Déroulement

1er pas

- Se souvenir ensemble de l'étape précédente en s'aidant de l'étape 4 à la p. 31 du livret jeune. (1. Cléophas ; 2. Disciple ; 3. Vinaigre ; 4. Hysope ; A. Croix ; B. Accomplies ; C. Jésus ; D. Femme)
- À partir des illustrations de la BD pp. 16-17 faire appel à la mémoire ou l'imagination des jeunes pour reconstituer le récit des disciples d'Emmaüs.
- Lire le texte Lc 24,13-35 dans la bible.

2e pas

- Demander aux jeunes : Qu'est-ce qui bouleverse les disciples ? (v. 22) Observer leurs attitudes dans la BD.
- Comment répond Jésus ? Que leur dit-il ? (v. 25-27) S'aider du livret jeune p. 20.
- Inviter les jeunes à nommer des épisodes bibliques qu'ils connaissent (Ancien puis Nouveau Testament) et essayer de les situer sur la frise *Parole de Dieu à travers les âges*.

Quand Luc parle des Écritures, il parle notamment des cinq premiers livres de la bible et des prophètes. La bible nous dit l'Alliance de Dieu avec les hommes, et Jésus réalise cette Alliance. Jésus fait comprendre aux disciples les Écritures, et leur accomplissement avec sa mort et sa résurrection.

3e pas

- Lire la BD de la sixième vignette jusqu'à la fin du texte. S'arrêter sur « leurs yeux s'ouvrir » et « Notre cœur n'était-il pas tout brûlant ? ». Demander aux jeunes à quels signes les disciples

« Notre cœur n'était-il pas tout brûlant ? »

le reconnaissent et pourquoi, à leur avis, leur cœur est-il brûlant ?

- Le catéchiste demande : « Et nous, reconnaissons-nous Jésus Christ dans l'eucharistie ? » On peut s'aider des pp. 20-21 pour découvrir comment l'eucharistie est présence de Dieu. Si l'on souhaite aller plus loin dans la découverte du sacrement, découvrir les pp. 18-19 du livret jeune.
- Visionner le clip « Tu fais ta demeure en nous Seigneur » DVD en demandant aux jeunes d'être tout particulièrement attentifs aux gestes liturgiques et aux liens avec la vie quotidienne et le service. Après avoir vu le clip (on peut le visionner deux fois si besoin), inviter les jeunes à échanger à partir des questions suivantes :

> - Pour toi, quelle image représente le plus l'eucharistie ? Pourquoi ?
> - Quelle parole du chant te parle le plus de l'eucharistie ?
> - Que représente l'eucharistie pour toi ?

- Observer la mascotte pp. 16-17 et donner l'avis de Gabriel.

> **L'avis de Gabriel : Jésus rejoint les disciples sur le chemin d'Emmaüs : il leur révèle qui il est. Cette rencontre bouleverse leur vie et met l'espérance au fond de leur cœur. Nous aussi prenons le chemin d'Emmaüs pour rencontrer le Christ !**

4e pas

- Jouer aux 7 familles selon la règle ci-après.

Règle du jeu

Le but du jeu est de regrouper le plus grand nombre de familles possible... et d'approfondir la découverte du sacrement de l'eucharistie.

Distribuer 6 à 8 cartes par joueur (en fonction du nombre de jeunes). Le reste constitue la pioche. Après avoir constaté qu'il possède au moins une carte d'une famille, le premier joueur cherche à la compléter en demandant à n'importe quel joueur la carte précise qui lui manque et qu'il souhaite obtenir. Si le joueur ne possède pas la carte, le demandeur doit piocher et passer son tour. En cas de « bonne pioche », le joueur peut alors demander une autre carte à n'importe quel joueur. Dans le cas inverse, le demandeur passe son tour et c'est au joueur placé à gauche de jouer. Dès qu'un joueur réunit une famille, il la pose devant lui. Le gagnant est le joueur qui pose devant lui le plus de familles complètes.

- Qu'est-ce que ce jeu permet de mettre en évidence de l'eucharistie ? Comment Dieu est-il présent dans l'eucharistie ? Demander aux jeunes de dire comment Dieu leur semble présent dans leur vie et ce qui les aide à trouver sa présence.

5e pas

- Temps de relecture.
- Proposer un temps personnel en prenant le livret jeune pp. 22-23, étape 5 .
- Inviter les jeunes à faire silence. Pour les aider, vous pouvez leur proposer de se souvenir des pèlerins d'Emmaüs et d'imaginer la scène : regarder les disciples qui marchent tristement sur le chemin. Remarquer Jésus qui les rejoint et les disciples qui ne le reconnaissent pas. Écouter Jésus leur expliquer toutes les Écritures. Entendre les disciples lui dire : « Reste avec nous ». Ouvrir les yeux en même temps que les compagnons d'Emmaüs pour reconnaître Jésus Christ à la fraction du pain. Se laisser guider par l'espérance des disciples qui racontent à leur tour Jésus ressuscité.
- Sans sortir de ce silence le catéchiste lit dans le livret jeune le verset de Luc « Notre cœur n'était-il pas tout brûlant en nous, tandis qu'il nous parlait sur la route, et qu'il nous faisait comprendre les Écritures ? ». Après un temps de silence demander aux jeunes d'écrire dans leur livret une prière d'espérance dans l'espace prévu à cet effet.
- Se lever tranquillement pour tracer le signe de croix.
- Chanter « Amis dans le Seigneur ».
- Proposer aux jeunes qui le souhaitent de lire leur prière.

Seigneur, fais grandir en nous la foi.

- Prier avec le dizainier.
- Reprendre le chant.

Rappeler aux jeunes de prier chez eux avec le dizainier pendant la semaine.